RAÍZES

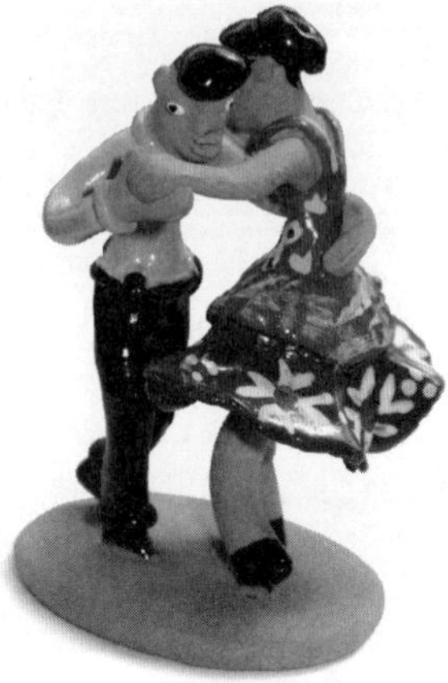

A sabedoria popular

A sabedoria popular

Edison Carneiro

*Apresentação e notas de
Raul Lody*

wmf **martinsfontes**

SÃO PAULO 2008

Copyright © 2008, Livraria Martins Fontes Editora Ltda.,
São Paulo, para a presente edição.

1ª edição *1957*
MEC/INL
2ª edição *1965*
Ediouro
3ª edição *2008*
Revista e supervisionada por
Philon Carneiro

Acompanhamento editorial
Helena Guimarães Bittencourt
Revisões gráficas
*Ivani Aparecida Martins Cazarim
Ana Maria de O. M. Barbosa
Dinarte Zorzanelli da Silva*
Produção gráfica
Geraldo Alves
Paginação
Moacir Katsumi Matsusaki

Dados Internacionais de Catalogação na Publicação (CIP)
(Câmara Brasileira do Livro, SP, Brasil)

Carneiro, Edison, 1912-1972.
 A sabedoria popular / Edison Carneiro ; apresentação e notas de Raul Lody. – 3ª ed. – São Paulo : WMF Martins Fontes, 2008. – (Raízes)

 ISBN 978-85-60156-67-2

 1. Contos brasileiros 2. Contos folclóricos – Brasil 3. Contos populares – Literatura brasileira I. Lody, Raul. II. Título. III. Série.

07-4232 CDD-869.93

Índices para catálogo sistemático:
1. Contos populares : Literatura brasileira   869.93

Todos os direitos desta edição reservados à
Livraria Martins Fontes Editora Ltda.
*Rua Conselheiro Ramalho, 330 01325-000 São Paulo SP Brasil
Tel. (11) 3241.3677 Fax (11) 3101.1042
e-mail: info@martinsfontes.com.br http://www.wmfmartinsfontes.com.br*

ÍNDICE

Apresentação | Para querer o folclore IX

A SABEDORIA POPULAR

Omnibus

Folclore	7
O interesse do folclore	12
Proteção e restauração dos folguedos populares	17
Judas, o de Karioth	31
Este boi dá...	34
A descoberta do marido	39
Mutirão	42
O folclore do negro	46
Senhor do Bonfim	60
A pernada carioca	62
Os pássaros de Belém	66
Elementos novos no folclore carioca	73
Escolas de samba – I	78
Escolas de samba – II	84
Classificação decimal do folclore brasileiro	88
O folclore na obra de Euclides	96

A Comissão Nacional de Folclore

Uma nova fase 107
O folclore no Brasil 120

Negros bantos

Samba-de-roda 127
Capoeira de Angola 138
Batuque 145
O testamento do boi 148

O Congresso Internacional de Folclore

A conceituação do fenômeno folclórico 157
Resposta ou confirmação? 160

Fontes dos artigos reproduzidos 163
Notas 165

APRESENTAÇÃO | Para querer o folclore

Edison Carneiro, em *A sabedoria popular*, traz à luz das ciências sociais e antropológicas um rico e fascinante campo que acompanha diferentes momentos e estilos de compreender e principalmente de interpretar o que se chama na generalidade de *folclore*.

As experiências pessoais do baiano Edison Carneiro fundamentam alguns estudos de caso, que o autor oferece em textos denomináveis etnografias clássicas, preferencialmente escolhidas em temas afrodescendentes que constroem o olhar e a emoção de viver e de expressar o Recôncavo.

Na mesma obra, Edison Carneiro quer também ir além do espaço consagrado do Recôncavo, trazendo o Rio de Janeiro naquilo que ele encontra e que o comove especialmente: o samba urbano carioca. Diga-se, aliás, urbano carioca tendo como base temas dos baianos migrados para a área portuária da cidade – além de trazer o candomblé, o afoxé e os tabuleiros com comida.

Pode-se afirmar que as questões apresentadas por Edison Carneiro – de forte atualidade – são retomadas e situadas em campo teórico e conceitual no âmbito dos patrimônios culturais, em especial no que se chama de *patrimônio imaterial*, área em que o folclore é tema marcante e preferencial.

Alia-se a esse campo amplíssimo uma histórica e fundante concepção do que é patrimônio, do que é Brasil enquanto povo e nação. Essas idéias são freqüentemente retomadas na obra de Edison Carneiro, que também encontra nos mecanismos oficiais, em ações do Estado, metodologias capazes de proteger o folclore brasileiro. Parece-nos: o folclore encontra-se em perigo! O conceito de patrimônio nacional quer nas sociedades atuais legitimar e marcar lugares que determinem a compreensão de povo. O folclore volta a ser tema preferencial da política de Estado e é reincluído no âmbito do patrimônio imaterial.

A idéia de nação determinou o começo das reflexões sobre o que, mais tarde, se institucionalizaria como bens culturais de uma nação, ou seja, testemunhos legitimadores que apóiam o conceito de identidade e sujeito, de lugar, de território.

No Brasil, a preocupação com a formação de uma identidade nacional surge desde o século XIX, mas as discussões sobre o que viria a se constituir como "patrimônio histórico e artístico" retomam-se no século XX com os grandes movimentos pós-Primeira e Segunda Guerras Mundiais.

É a partir dos anos 20 e 30 do século XX que essas preocupações assumem a forma de discursos oficiais sobre o chamado "patrimônio histórico e artístico". Nesse contexto aponta-se a Semana de Arte Moderna (1922).

O interesse dos modernistas pelos temas brasileiros tocou aspectos como autenticidade, diversidade e desenvolvimento como pertencentes a uma experimentação ideologicamente promovida de propriedade nacional que funcionava como indicador simbólico da ligação entre os indivíduos e a nação. Portanto, a idéia de bens culturais nos trabalhos artísticos estava ligada a uma expressividade de fato brasileira. Buscava-se um Brasil brasileiro e ao mesmo tempo buscava-se o ideal do povo brasileiro.

Em 1937, foi criado o Serviço do Patrimônio Histórico e Artístico Nacional (SPHAN), sob administração do modernista Rodrigo Melo Franco de Andrade, que impõe, seguindo sua orientação intelectual, algumas sérias modificações na linha ideológica do projeto de Mário de Andrade. Imprime em sua administração uma ideologia cultural nas noções de tradição e civilização. A ligação com o passado e a idéia de resgate estabeleceriam o encontro entre indivíduo e nação.

O olhar do pós-guerra, quando o mundo retoma e busca legitimar os conceitos de nação, de tradição, de costume, de identidade, nasce sob forte conceito de solidariedade entre os povos.

O que se compreende por *folclore* nesse contexto contém intensa busca de humanidade, no sentido de encontrar no indivíduo, por meio do que se chama de *identidade cultural*, valor e lugar sociais. Junta-se a essa busca também a construção do que seria uma *identidade nacional*.

A *sabedoria popular* recorre a esses campos para justamente valorizar o brasileiro. Edison Carneiro trata de cada tema como uma louvação à inventiva popular, destacando o que se poderia chamar de autoria coletiva.

A questão nacional no Brasil aparece como a necessidade de construção de uma identidade nacional. E encontrá-la merece diferentes designações.

A construção e a busca de uma identidade nacional também se expressam na literatura romântica (Sílvio Romero, Nina Rodrigues, Euclides da Cunha), com os modernistas, na ideologia do Estado Novo e nos processos de desenvolvimento da modernidade no governo de Juscelino Kubitschek.

Nesse quadro geral dos traços da identidade nacional do século XX destaca-se Gilberto Freyre como figura intermediária do que vem depois, no Estado Novo.

Gilberto Freyre é considerado um dos autores que produzem a mudança na análise da sociedade: da raça para a cultura; do sincretismo racial para o sincretismo cultural. E a revisão da mestiçagem no Brasil, enquanto síntese das três raças, vista como antecipação de um futuro promissor. Busca-se um sentimento pluralista para saber quem é o brasileiro.

Gilberto Freyre, com o *Manifesto regionalista* (Recife, 1926), amplia o olhar sobre o que é regional, o que é nacional, na busca do telúrico, do genuinamente brasileiro. Lança também um olhar valorativo e patrimonial para o que é popular, folclórico.

Sem dúvida, o movimento folclórico em prol das raízes do brasileiro tem nesse livro de Edison Carneiro essa questão marcante, exemplificada por algumas manifestações preferenciais do folclore da Bahia, destacando-se a necessidade da proteção, da guarda desses importantes meios de conservação das memórias do brasileiro, certamente uma antecipação do que hoje se quer implementar com a política de Estado, com a promoção, registro e salvaguarda do então patrimônio imaterial. Olhar para o patrimônio além dos testemunhos consagrados de pedra e cal e olhar para a cultura enquanto processo que representa a diversidade do povo brasileiro.

O texto de Edison Carneiro toca de maneira sensível esse campo que hoje é de ampliado interesse em contexto internacional, em face da crescente globalização, enquanto um fenômeno social, econômico e cultural de homogeneização das identidades dos povos, dos segmentos étnicos, entre outros.

O *folclore* observado no contexto histórico em que Edison Carneiro promove sua valorização e divulgação é um conjunto de fenômenos, já por ele considerado dinâmico, interpretando as manifestações do povo enquanto verdadeiros *processos culturais*, como, atualmente, tratam-se as manifestações do patrimônio imaterial, como formas de vida, de saberes, de lugares onde os fatos tradicionais ocorrem e se transformam enquanto meios e formas expressivas integrados a diferentes sistemas e meios de produção, de trabalho, de lugares sociais.

Destaca-se na obra de Edison Carneiro um evidente encontro do autor com seu objeto, com os temas por ele escolhidos; há também nas etnografias que ilustram alguns fatos folclóricos um olhar sobre estética tradicional, sobre, preferencialmente, o homem, a pessoa que realiza a festa, a dança, o auto dramático, em evidente valorização do brasileiro. O autor reforça a questão *identidade* e *sujeito*.

Edison Carneiro, enquanto comunista assumido, sempre procurou a ocupação do poder pelo trabalhador, a construção de sociedade e de nação realmente partilhada nos ideais e um Estado ideologicamente ordenado pelas classes trabalhadoras.

Assim, no encontro com o que ele elegeu como folclore, como expressões sensíveis e criativas de um povo, funda-se também o conceito de povo, coerente com uma ordem política e social integrada aos seus mais profundos ideais de igualdade. Sem dúvida, o poder emana do povo.

Após o Estado Novo, cresceu o movimento folclórico enquanto ação organizada e promovida como dever e ocupação do Estado. É o ideal do Brasil olhando para as coisas brasileiras.

Aliás, um tema dominante em todos esses processos de saber da cultura brasileira toma como base e sentimento de nacionalidade o *povo*. Certamente o *povo* é um conceito ou parâmetro abstrato e construído no decorrer de diferentes tendências ideológicas, políticas, econômicas, históricas. Certamente nesse sentido, Edison Carneiro também idealiza e constrói o seu conceito de povo, de povo brasileiro. Assim, as muitas descobertas de povo são freqüentemente atestadas e legitimadas pelas próprias expressões populares. Inicialmente pelo olhar romântico do final do século XIX, com os modernistas de 1922, com o manifesto regionalista de 1926, com a afirmação de um serviço nacional no âmbito do patrimônio em 1937 e com outro serviço nacional em 1958 com a criação da Campanha de Defesa do Folclore Brasileiro. Agora com foco, com projeto de Estado para proteger a criação popular.

Sem dúvida, com a criação da Campanha de Defesa do Folclore Brasileiro por meio do Decreto nº 4.317, de 5 de fevereiro de 1958, o então presidente da República Juscelino Kubitschek pretendeu instalar um trabalho permanente em prol do folclore, em prol das *raízes*, dos costumes, aliado a forte sentimento educacional e principalmente à *preservação*, à manutenção do chamado fato folclórico.

A Campanha de Defesa do Folclore Brasileiro é uma realização dos movimentos folclóricos, herdeiros de processos históricos e de intelectuais preocupados com a memória brasileira e em constante busca de estilos de ver e de *preservar* o *folclore*.

Outro importante tema dominante na relação de Edison Carneiro com o campo do folclore é o da documentação sistemática, em especial a bibliográfica. Ele destaca a necessidade de organizar referências, proporcionar acesso a essas referências como uma das mais notáveis formas de armazenar, conhecer e de *proteger* o folclore.

Também busca socializar os estudos nessa área ainda em formação e com alguns confrontos conceituais com as ciências sociais e antropológicas.

A obra *A sabedoria popular* reafirma um valor e um sentimento nacional, cívico, genuinamente brasileiro para valorizar esse *saber*, um *saber popular*, que se quer manter pela prática e pelo exercício desse mesmo saber – a ser ampliado, socializado e principalmente *protegido*.

Destaco como importante evento a motivar esta obra de Edison Carneiro o 2º. Congresso Afro-Brasileiro, 1937. Aí novamente marco o papel integrado de Edison Carneiro à vida da Bahia, aos movimentos e instituições populares, ocupando o papel social de *ogã* do tradicional terreiro da *Casa Branca*, tido como o mais antigo terreiro de candomblé da cidade do São Salvador, mantenedor da Nação Ketu, um segmento integrado ao modelo Ioruba. Foi o primeiro terreiro de candomblé a ser tombado pelo Iphan, enquanto patrimônio nacional, seguindo-se outros, como o Ilê Axé Opô Afonjá, Gantois, Bate-Folha e Alaketu.

Em *A sabedoria popular* Edison Carneiro vive a baianidade e a afrodescendência, e delas se orgulha, assumindo compromisso ideológico, socializante pela causa popular e enfatizando o folclore, antes de tudo, como exercício de liberdade.

A sabedoria popular

> ... *ce qui dépasse l'heure actuelle, non seulement vers le passé, mais vers l'avenir.*
> ALBERT MARINUS

Omnibus

FOLCLORE*

Não se pode dizer que os escritores e artistas brasileiros – exclusive, naturalmente, os folcloristas – tenham dado a merecida importância aos fatos da vida social que caem no âmbito do folclore. Sem dúvida, em cenas de romance, em motivos musicais, em quadros e esculturas, nem sempre se deixou de usar o elemento popular, folclórico, mas em verdade essa utilização não tem passado do simples exercício mnemônico, como transposição artística de folguedos ou de costumes presenciados na infância ou na adolescência, e de modo algum constitui "o conhecimento da cultura do grande número" de que falava Saintyves. E, quando não acontece o pior – ou seja, a adulteração e a sofisticação do folclore –, a ausência do folclórico, tão característico da vida popular, empobrece a produção literária e artística, roubando-lhe os aspectos regionais, nacionais e humanos que lhe podem dar universalidade.

Ora, o campo do folclórico se estende a todas as manifestações da vida popular. O traje, a comida, a habitação, as artes domésticas, as crendices, os jogos, as danças, as representações, a poesia anônima, o linguajar, etc., revelam, mesmo a um exame superficial, a existência de todo um sistema de sentir, pensar e agir, que difere essencialmente do sistema erudito, oficial, predominante nas

---
* Ver nota de Raul Lody no final do livro.

sociedades de tipo ocidental. Tal sistema – reflexo das diferenças de classe e, portanto, de educação e de cultura que dividem os homens – incorpora grande número de elementos tradicionais, que podem confundir o observador dada a sua aparente imutabilidade, mas funciona em virtude de processos dinâmicos que lhe dão vigor e atualidade, que o renovam constantemente – processos que são, na realidade, a essência do folclore. Em geral, pode-se dizer que a forma permanece, enquanto o conteúdo se moderniza. A iniciativa pertence, quase sempre, às camadas populares, mas toda a sociedade, sancionando-a, protegendo-a ou reprimindo-a, lhe dá a configuração final, resultante da interação das forças sociais. Sabemos que essa interação é permanente, de maneira que o resultado não pode ser considerado final senão em caráter transitório, precário, relativo. Assim se explicam o aparecimento de variantes do mesmo fenômeno, como acontece, por exemplo, com o bumba-meu-boi, ou a transfiguração de outros, como os ranchos de Reis, que no Distrito Federal tomaram a forma de escolas de samba, com o esquecimento completo do seu antigo estímulo religioso.

Tudo isto significa que o folclore preenche uma função social que uma análise mais demorada revelará de extrema importância. Com efeito, as classes dirigentes exprimem os seus sentimentos e os seus interesses nas artes, nas ciências e na administração do Estado, enquanto as camadas populares, à falta de outros meios de expressão, se valem do folclore e através dele organizam uma consciência comum, preservam experiências, encontram educação, recreio e estímulo, dão expansão aos seus pendores artísticos e, afinal, fazem presentes à sociedade oficial as suas aspirações e as suas expectativas.

Há muito de inocente, e mesmo de acomodatício, nas coisas do folclore, mas há também muito de reivindicação social, pois, atualizando-se constantemente, em resposta aos incitamentos da hora, o folclore se projeta no futuro. Daí decorre o seu enorme interesse para os escritores e artistas que desejem interpretar com fidelidade os modos de ser do nosso povo. Uma diversão popular, por mais ingênua que pareça, sempre indica que o folclore, como concepção da sociedade, constitui uma forma de influir sobre o organismo social. Vejamos, por exemplo, a queima de Judas, com as circunstâncias que habitualmente a acompanham, em que encontrei (1939) a sátira às classes abastadas. Luís Chaves, folclorista português, que teve oportunidade de examinar, entre outros, um espécime de testamento de Judas que data de 1752, quando esta diversão era ainda considerada um entremês sacro, pôde escrever (1942): "Estes testamentos ... representavam a crítica da alma popular aos vícios e mataduras da sociedade, sua contemporânea. Era o jornal da verrina do povo, que aproveitava tais ocasiões e outras semelhantes que não eram tão poucas, para vingar máculas e afrontas. No fim da Semana Santa, ... caía bem a catilinária. Por vezes era pessoal e tremenda." Luís Chaves acrescenta que "não ficavam esquecidos os crimes, nem eram poupados aqueles que mereciam a mesma sorte [de Judas]. Estes autos-de-fé, teatralizados pelo povo, aproximavam, criticavam e castigavam coisas e pessoas". Não tem outro sentido o depoimento de Débret, no Rio de Janeiro, onde a queima de Judas estava proibida desde a chegada da Corte portuguesa: "No sábado de Aleluia de 1831, viu-se nas praças da cidade um simulacro do enforcamento de alguns personagens importantes do governo, como o ministro intendente geral e o comandante das forças militares da polícia". Sob essa forma a diversão permanece na Bahia, no Maranhão e em outros pontos do Norte, mas no Rio de Janeiro, por exemplo, se transferiu para as crianças, que *tascam* o Judas ao romper da Aleluia, em vez de queimá-lo à meia-noite, modificando, certamente, o sentido do espetáculo. Elemento de aproximação e de coesão, o folclore serve de tribuna, é um comício com que o povo se faz ouvir pelas classes superiores.

O conjunto do folclore, tanto de ordem espiritual como de ordem material, contém, dado o seu caráter eminentemente popular, ecumênico, a essência nacional. Nele se encontram, por um lado, a resistência à moda, que sedimenta os *mores* distintivos de cada povo, e, por outro lado, os processos de renovação, que comunicam a esses *mores* a sua humanidade e a sua universalidade. E, quanto mais se aprofunda a busca das origens e das relações entre os fenômenos do folclore, tanto mais se reconhece a unidade fundamental do homem, no seu eterno desejo de justiça, de liberdade e de paz.

Houve um tempo em que o tradicional, o popular e o anônimo caracterizavam o folclórico. Nada mais resta do tradicional, a não ser a casca. Os instrumentos de expressão se transformam lentamente, ao passo que aquilo que exprimem acompanha o ritmo dos acontecimentos, em conseqüência de processos secundários de readaptação e recombinação. Era popular o que escapava ao erudito e ao oficial, mas a evolução social, propiciando a maioridade política do proletariado, que deste modo se tornou o herdeiro da cultura humana, restringiu ainda mais o campo do folclórico. E, em relação ao anônimo, não somente se admite a folclorização de criações de autor conhecido, como se abre espaço, cada vez mais, para a criação coletiva. Todo o conceito do folclore está, portanto, passando por uma revisão que nenhum homem de letras, seja qual for o seu campo de interesse, pode desconhecer.

Não basta o conhecimento sentimental das práticas e dos costumes coletivos, nem a atitude complacente de considerar "interessantes" as coisas populares. As influências mais variadas se fazem sentir, poderosamente, sobre o fato folclórico, diluindo ou dando maior nitidez aos seus caracteres, e num país como o nosso, em que são tênues e frouxas, em grande parte, as linhas de demarcação entre as classes sociais e em que o proletariado está em núpcias com a sua independência ideológica, o escritor e o artista correm o perigo de aderir à preocupação acadêmica do "puro" e do "autêntico" ou de perder de vista o folclórico, em benefício do pitoresco. A predileção dos folcloristas pelos aspectos lúdicos, cerimoniais e artísticos da atividade popular tem relegado ao esquecimento o folclore do trabalho, que Sílvio Romero já apontava como um dos mais seguros índices do estado de espírito das nossas populações. O escritor e o artista mais rapidamente estabelecerão o desejado contato com o povo naquelas das suas manifestações que refletem o seu comportamento em face das relações de produção vigentes na sociedade, como o registro e o comentário dos fatos da vida cotidiana. Sem o conhecimento dos modos de sentir, pensar e agir, que são o que os cientistas chamam folclore, não será possível ao escritor e ao artista traçar, com fidelidade, o retrato de corpo inteiro das populações e regiões consideradas. E, por isso mesmo, não lhes será dado comunicar às suas obras a força nacional, universal e humana que as preservará do tempo.

O INTERESSE DO FOLCLORE*

Muito se tem discutido o interesse que pode ter o estudo do folclore. Descontadas as suas qualidades recreativas e pitorescas e as suas vantagens como ilustração e decoração, que lhe resta? Mais de cem anos depois da carta de Thoms, ainda há quem hesite em considerar o folclore uma ciência – e indubitavelmente nada concorre mais para reforçar esta atitude do que a atividade dos folcloristas, que em geral tratam os seus temas como *dilettanti*, como curiosos, como poetas extraviados na prosa, e não como cientistas. E, mesmo entre os que o admitem como ciência, não há ainda acordo quanto ao seu conceito, nem ao seu objeto. Assim, enquanto os europeus consideram folclore as práticas e concepções populares somente das nações civilizadas, os americanos estendem o conceito para abarcar *todos* os povos. Nem está completamente solucionada a questão de se apenas a literatura oral será folclore ou se os produtos da inventiva popular, da técnica rudimentar do povo, cabem dentro da definição.

Os característicos básicos do folclórico – o anônimo, o popular e o tradicional – têm sido postos em dúvida. Repete-se, por qualquer motivo, que toda criação tem, necessariamente, o seu autor, mas até mesmo esta afirmativa, que parece tão óbvia, encontra uma

---
* Ver nota de Raul Lody no final do livro.

séria objeção na possibilidade de criação conjunta, de elaboração coletiva, tão comum nos grupos humanos solidarizados pelos mesmos interesses. Aplica-se, habitualmente, o adjetivo *popular* às maneiras de pensar, sentir e agir das classes inferiores da sociedade, mas alguns especialistas pretendem que certas atividades de círculos burgueses e até aristocráticos recaem na categoria do folclórico. E, finalmente, quanto ao tradicional, somente os repetidores poderão sustentá-lo, pois uma das surpresas no estudo do folclore é o nascimento (muitas vezes uma espécie de ressurreição) de novas variedades folclóricas.

Ora, a ciência do folclore está passando neste momento por um processo de revisão que pode ter conseqüências profundas para o entendimento das "aspirações e expectativas populares" em todas as sociedades. Parece tratar-se, mais do que do desmoronamento de uma ciência, do reajustamento da posição fundamental em que o especialista deve colocar-se para examinar o seu campo de ação. E, a propósito, vale a pena discutir os pontos de vista de Herskovits e de Varagnac, um deles antropólogo de profissão, o outro especialista em folclore, tanto porque exemplificam os modos gerais americano e europeu de encarar esta disciplina como porque indicam as diferenças entre o *dilettante* e o perito.

Escrevia Herskovits, há alguns anos, mais ou menos pela mesma época que Varagnac, que o folclore compreende "a expressão menos tangível dos aspectos estéticos da cultura". Pouca gente poderá subscrever estas palavras, a menos que desconheça a extraordinária diversidade das manifestações folclóricas. E, quanto à sua função social, o folclore confortaria os homens das desigualdades e injustiças da vida... Admitiu Herskovits que o folclore revela "muito das aspirações, valores e objetivos" dos povos, e a propósito lembrou que Franz Boas pôde deduzir, dos mitos dos índios Tsimshian, a cultura material, a economia, a estrutura social, as crenças religiosas, etc., desse grupo humano da costa noroeste da América. Como, então, limitar o folclore ao campo da estética? Será o folclore um espelho que reflete simplesmente a realidade, sem influir sobre ela?

O especialista André Varagnac, na base de extensas pesquisas na França, viu não apenas fatos isolados no folclore, mas todo um "conjunto" de tradições, uma verdadeira "civilização tradicional", que estaria em processo de desintegração sob a pressão do regime capitalista: esta civilização "subjacente" assegurava, outrora, "o equilíbrio moral e social do grupo". O folclore seria, deste modo, a transposição intelectualizada (embora não científica) de um "gênero de vida" anterior ao capitalismo. Pondo toda uma organização social, a da era medieval, em oposição à organização social burguesa, Varagnac na realidade transforma o folclore nas *antiquités populaires* tão do gosto da escola francesa da primeira hora.

Vimos que a concepção do folclore devida a Herskovits é formal e mecânica – o folclore recebe a luz da vida social, mas não a retransmite. A de Varagnac, a despeito da sua aparente originalidade, não corresponde aos fatos e até mesmo constitui um recuo na posição do seu autor. Antes da guerra, parecia a Varagnac que os fatos do folclore apresentam sempre, e ao mesmo tempo, "repetição e inovação, conformismo e espontaneidade", e na base desta constatação pôde registrar o fato folclórico novo que foi o enterro da semana de 48 horas pelos trabalhadores parisienses em greve em 1936, que o levou a inverter uma sentença de Ronsard para melhor caracterizar o folclore: "La forme demeure, la matière se perd." Já agora, porém, Varagnac limita-se a reconhecer que "as tendências a que [as tradições] corresponderam desde tempos imemoriais existem sempre e se manifestam de outro modo na nossa vida moderna".

Tanto Herskovits como Varagnac se negam a analisar a questão da permanência dos modos de sentir, pensar e agir que constituem o folclore. Parece haver acordo em que são as camadas populares que fazem o folclore, mas devemos acrescentar que não o fazem mecanicamente, já que todas as forças sociais, espontâneas ou não, contribuem para modificar o produto final. A questão mais importante, porém, é a de por que o povo faz o folclore, por que se compraz nele, por que se vale dele, por que se obstina tanto na sua sobrevivência. E assim chegamos ao capítulo das diferenças sociais – econômicas, culturais e políticas – que dividem os homens. Não ocorreu a Varagnac que, na sua "civilização tradicional", ou seja, a era da nobreza, a sociedade nada tinha de una e indivisa, mas havia, ao contrário, toda uma gradação de posições entre o servo e o barão. Quem seria o responsável por esta "civilização tradicional" – o homem da gleba ou o senhor? E quem será, sob o domínio da burguesia, o portador da herança medieval – o trabalhador ou o capitalista? Ora, são exatamente estas diferenças de classe que explicam o folclore. O povo sente, age e pensa diversamente da burguesia como reflexo da condição econômica, social e política inferior em que se encontra. E, através do folclore, o povo se torna presente na sociedade oficial e dá voz aos seus desejos, cria para si mesmo um teatro e uma escola, preserva um imenso cabedal de conhecimentos, mantém a sua alegria, a sua coesão e o seu espírito de iniciativa. Este processo é dinâmico e submete o folclore a uma constante transformação, através de recomposições, recombinações, particularizações e inovações que o atualizam, que o põem em dia com os fatos e lhe dão a possibilidade de participar da vida da sociedade. As formas finais revestidas pelo folclore dependem, de um lado, da força da criação popular e da soma de interesse que nela depositam as camadas populares e, de outro, da sanção dos *mores* que governam o organismo social.

O objetivo central do estudo do folclore está, portanto, na compreensão das maneiras por que o povo reage aos estilos de comportamento que lhe são impostos pela sociedade oficial, quer rejeitando-os, quer adaptando-os, quer criando um estilo particular. Que importa a estética numa reza para acabar com a bicheira do gado, numa mezinha para curar espinhela caída? E, se dos cucumbis resta na Bahia apenas o maculelê, se no Rio de Janeiro sobreviveu a pernada de preferência à capoeira, poderemos falar numa "civilização tradicional" em processo de desintegração, senão para esconder a nossa ignorância dos processos sociais? O estudo da vida popular em toda a sua plenitude, e não apenas nos seus momentos mais interessantes ou pitorescos, revela, ao contrário, que a estética é secundária e que, em vez de agarrar-se a um "gênero de vida" tradicional, o povo atualiza constantemente as suas maneiras de ser e participa ativamente da vida social, utilizando todos os meios ao seu alcance para fazer ouvir as suas queixas e as suas esperanças.

O estudo do folclore propicia a reconstrução do passado popular, mas o seu interesse principal está em constituir o folclore o melhor indício da condição atual do povo e das suas aspirações futuras.

PROTEÇÃO E RESTAURAÇÃO
DOS FOLGUEDOS POPULARES*

Chegou o momento de pensar, com seriedade, e de maneira prática, no problema da proteção aos nossos folguedos populares. Como tornar efetiva a proteção, sem que, no processo, os nossos folguedos percam as suas características? Sabemos que a proteção em si mesma implica uma intromissão erudita no campo do folclore e, entre os perigos que comporta, está o de poder levar à mais rápida liqüidação de toda esta riqueza das gerações. Peritos em artes populares, convocados pela Unesco (*La protection et le développement des arts populaires*, 1950), declaram, em estudo perfeitamente aplicável ao nosso caso, que o desenvolvimento dessas artes exige, ao mesmo tempo, intervenção e liberdade – "muita liberdade". De que maneira harmonizar este desejável comedimento ("uma extrema discrição") com a necessidade imediata, inadiável, de promover e estimular as manifestações lúdicas da nossa gente?

A situação nacional desses folguedos não apresenta condições que nos indiquem uma solução única. Em geral, inclinamo-nos facilmente a admitir que os nossos folguedos – e esta palavra abarca jogos, autos, danças e cortejos folclóricos – estão em decadência, senão em franco processo de desaparecimento. Este é, certamente, um fenômeno dos nossos dias, mas de modo algum um fenômeno

---
* Ver nota de Raul Lody no final do livro.

geral, válido para todo o país. Senão, como explicar a permanência e o esplendor dos folguedos populares em Estados aparentemente tão diversos na sua fisionomia como São Paulo e Alagoas?

Outrora, o bumba-meu-boi, o terno-de-Reis, o maracatu, as pastorinhas, as congadas, organizavam-se com dinheiro angariado no bairro ou na localidade, os parcos tostões do homem do povo e as gordas notas da gente rica. Não se tratava de uma simples contribuição, mas de uma demonstração de confiança no grupo. O dinheiro bastava, por pouco que fosse, para ligar a população à sorte do folguedo, que se transformava, assim, numa diversão quase familiar, quase pessoal, que saía à rua tanto para distrair os brincantes como para retribuir a munificência dos ricaços e justificar as esperanças da plebe. O povo solidarizava-se com os seus folguedos. Daí o entusiasmo com que se amanhecia, na Lapinha e na Penha, na Bahia, durante a exibição de ternos e ranchos; daí que os paraenses se esbofeteassem bravamente nas ruas de Belém, em defesa do seu boi... Se esta forma de manutenção do folguedo desapareceu em alguns Estados, mantém-se viva, e bem viva, noutros – e em geral em todo o interior. O fenômeno da decadência e do desaparecimento dos folguedos populares parece circunscrever-se às capitais, embora com as honrosas exceções de Maceió, de Belém, do Recife e do Distrito Federal, e estar em desenvolvimento há menos de 25 anos.

Os quadros conhecidos da estratificação social sofreram, com efeito, a partir de 1930, alterações de certa importância, em conseqüência da inflação, do êxodo rural, da fortuna fácil dos anos de guerra, da carestia da vida, da insegurança política. Alterações de superfície, que não modificaram, essencialmente, o arcabouço antiquado e incapaz da nossa economia, sacrificada ao latifúndio e ao comércio de exportação. Onde estas modificações de superfície tenderam a reforçar a exploração econômica tradicional, os folguedos populares permaneceram, florescendo, readaptando-se, preenchendo novas funções. Onde, porém, as transformações diversificaram, inferiorizaram ou incaracterizaram a economia local, produzindo desequilíbrio e insatisfação, tem-se a impressão – talvez falsa – de que os folguedos populares estão sendo sistematicamente suprimidos, quando não substituídos por folguedos e diversões não nacionais, trazidos a bordo dos navios que visitam o litoral atlântico. Deste modo, se em certos casos teremos de proteger os folguedos populares, em outros deveremos restaurá-los. Podemos, pois, estabelecer de duas maneiras os dados e a solução do problema, criando uma norma geral, cuja validade, em cada caso particular, precisa ser aferida em relação com as circunstâncias locais.

* * *

O primeiro caso seria o dos estados de Alagoas e São Paulo, da Amazônia, do Distrito Federal, do Recife e de algumas cidades do interior do Paraná, de Santa Catarina e de Minas Gerais. A exploração econômica fundamental, a despeito de certos fatores de expansão, a despeito do acréscimo de elementos diversos ao quadro antigo, continua, em essência, a mesma. Toda a indústria de São Paulo – o exemplo mais extraordinário – não conseguiu retirar a esse estado a sua posição de produtor de café. Por enquanto – até que se tente uma ocupação humana em grande escala – a Amazônia brasileira haure os seus recursos, como antigamente, da borracha, da juta, da castanha-do-pará, do couro de jacaré, do guaraná, do pirarucu, do casco de tartaruga. Quanto a Alagoas, toda a sua economia gira como sempre em torno da cana-de-açúcar. O Distrito Federal aumentou a sua população, multiplicou os seus recursos, marcou mais fundamente a separação entre as classes sociais, mas não será difícil reconhecer nele as mesmas características de antes de 1930, como o grande centro de comércio e de consumo do país. Do Recife pode-se dizer o mesmo – por baixo das suas pontes escoa-se, como outrora, a produção de todo o Nordeste. Nesses lugares, os nossos folguedos vivem da contribuição popular, local – e daí as acaloradas disputas entre partidários do azul e do encarnado em Maceió, os milhares de pessoas que se aglomeram para assistir ao desfile das escolas de samba no Distrito Federal, as levas de gente que acompanham maracatus e cabocolinhos pelas ruas do Recife... Em São Paulo, estado mais rico, os folguedos populares também vivem da contribuição popular, mas têm mais possibilidades de apresentação e, portanto, de recursos econômicos. Os caiapós, os moçambiques, as congadas, o batuque, os cantadores de cururu, os grupos que dançam a catira, o samba de lenço, a caninha verde e o jongo, viajam por todo o estado, solicitados e aplaudidos pela população de aldeias e cidades, Cunha, Jundiaí, Taubaté, Iguape, Tatuí. Festivais como os de Atibaia ou da aldeia jesuítica de Carapicuíba só encontram símile nas grandes festas anuais do Largo do Bebedouro, em Maceió. Estes exemplos mostram que os sinais de decadência e de desaparecimento – que levianamente generalizamos para todo o país – não se evidenciam nos pontos em que, a despeito da concorrência de outros fatores, a exploração econômica fundamental permaneceu a mesma. Aliás, um dos fenômenos de superfície mais comuns nestes últimos 25 anos – o êxodo rural – trouxe para o Distrito Federal, através de emigrados capixabas, fluminenses e mineiros, as folias-de-Reis, que estão conquistando rapidamente o favor dos cariocas.

Como tratar os folguedos populares nesses pontos do território nacional? Espontaneamente, São Paulo dá a resposta. Bastará multiplicar as suas oportunidades de apresentação, na cidade e na zona rural, com aquela "extrema discrição" recomendada pelos peritos da Unesco, deixando aos brincantes liberdade, "muita liberdade", na sua organização. O desfile no Parque do Ibirapuera, São Paulo, com que se encerrou o Congresso Internacional de Folclore, constitui um exemplo que se não deve perder. Essas oportunidades, que são o estritamente necessário para prestigiar os folguedos populares, podem multiplicar-se de tal modo que não somente o reisado de Maceió possa exibir-se em Viçosa e o reisado de Viçosa seja convidado a representar em Maceió, como já acontece, mas também que um grupo de caboclos paraenses, homens e mulheres, venha dançar carimbó em São Paulo, traga a marujada de Bragança para o Rio de Janeiro ou leve o seu boi Flor do Campo a Curitiba ou a Fortaleza; que os caiapós de Piracaia possam tocar a sua buzina e bater a sua caixa nas ruas do Distrito Federal ou que uma escola de samba carioca participe do carnaval do Recife... Sem plano, e aos azares da sorte, já se podem registrar casos desse tipo. As folias-de-Reis, que reproduzem a jornada dos Magos, são naturalmente andejas. A Escola de Samba Unidos do Salgueiro, sob o comando do veterano Calça Larga, seguiu de trem, a fim de participar do carnaval paulista no ano do centenário da cidade, logo depois de haver desfilado sob os aplausos dos cariocas. E, se agora já não podemos falar em decadência ou desaparecimento dos folguedos populares nestas zonas, não poderemos fazê-lo depois. Estas medidas garantirão a sua permanência e, mais ainda, o seu florescimento.

* * *

Tem mais complexidade o problema nos pontos em que o interesse econômico principal se transferiu da exploração tradicional para outros ramos de atividade. A liderança das classes, os deslocamentos de população, as dificuldades gerais de vida, tudo parece ter criado uma situação insustentável para os folguedos populares. Como esses folguedos eram, em geral, estacionais – coincidindo com o Natal e a festa dos Reis, como os bailes pastoris e os ternos e ranchos, ou com o carnaval, como o afoxé da Bahia –, o intervalo de um ano entre uma e outra apresentação se revelou demorado demais em relação com o ritmo com que se processavam, sob a premência da hora, as transformações econômicas de superfície. Os ricaços de outrora, que patrocinavam as diversões populares, passaram de repente a sofrer a concorrência de grupos mais ousados, que, na indústria, no comércio de exportação, nas casas bancárias, na especulação com imóveis, gêneros alimentícios e mercadorias de bom preço, em breve lhes tomaram o lugar. A classe média teve as suas dificuldades agravadas e, quanto ao povo, o salário real baixou, com as grandes levas de trabalhadores empobrecidos dos campos que buscavam trabalho nas cidades. Houve, assim, de um lado, a diminuição das possibilidades econômicas da parte da burguesia das cidades que promovia os folguedos populares e, de outro lado, o empobrecimento e a redução numérica dos elementos do povo que participavam ou contribuíam diretamente para a sua realização. Significará isto que esses folguedos tenham mesmo desaparecido, que já não seja possível recuperá-los, reintegrá-los no seu antigo esplendor?

Os mestres, os entendidos – cantadores, dançarinos, músicos –, estarão vivos, na sua cidade natal ou em outras cidades, desejando, mais do que qualquer outra coisa, uma nova oportunidade de realizar a sua brincadeira. Foi o que demonstrou, na prática, José Loureiro Fernandes, que, roubando ao silêncio e ao esquecimento as congadas da histórica cidade paranaense da Lapa, fez reviver todo o folguedo. Os ternos e ranchos de Reis estavam desaparecendo na Bahia, de tal modo que somente um deles se exibiu nos palanques da cidade em 1953. Entretanto, um simples apelo, secundado pela imprensa, fez voltar às ruas o multicampeão dos anos anteriores a 1930, o antigo e celebrado Terno do Arigofe,

> ... o Arigofe
> não tem barriga,
> não tem tripa,
> não tem bofe...

e já outros ternos e ranchos anunciam o seu reaparecimento em 1955. Uma simples demonstração de interesse, prudente, bem conduzida, bastou, nesses casos, para ressuscitar folguedos aparentemente mortos. Não devemos aproveitar essas experiências no tratamento dos folguedos populares onde a nova situação econômica produziu a sua decadência ou o seu desaparecimento?

Encontrar os antigos animadores dos folguedos constitui por si só uma tarefa, mas o importante será convencê-los e interessá-los na sua reorganização. Há, atualmente, nas cidades, uma receptividade muito maior para as diversões populares. Se a população cresceu, a sua composição não mudou. E é certo que o crescimento maior se produziu nas camadas inferiores da população, herdeiras e portadoras do folclore. A classe média, aturdida a princípio com as decantadas maravilhas de outras terras, afligida pela insegurança econômica e farta das sensações civilizadas do futebol e do cinema, começa a revalorizar as coisas nacionais – e um vigoroso sinal desta tendência é o interesse crescente pelas nossas manifestações folclóricas. Entre as classes abastadas, em parte por atitude *snob*, em parte por boa vontade e compreensão naturais, não será difícil encontrar apoio para os folguedos populares – apoio real, na forma de dinheiro, de materiais ou mercadorias, de facilidades. A imprensa e o rádio, se mobilizados, poderão ajudar eficazmente nesta tarefa de convicção. Há, igualmente, repartições municipais e estaduais e organizações privadas que, ora por benemerência, ora por obrigação, podem concorrer para interessar no ressurgimento dos folguedos populares, concedendo subvenções, instituindo prêmios, criando oportunidades de apresentação. Novamente, aqui – e aqui mais do que em qualquer outra ocasião –, teremos de levar em conta o binômio intervenção e liberdade para que os folguedos populares possam reassumir o seu caráter de legítima expressão do povo.

A intervenção deve fazer prova de "uma extrema discrição", limitando-se a encontrar os mestres, a convencê-los da conveniência da reorganização dos seus folguedos, a ajudá-los no que necessitem e a promover a sua apresentação em público, inclusive para a conquista de troféus e prêmios em dinheiro. Se for necessário – como o será em muitos casos – montar o folguedo, será útil fornecer, de preferência, fazendas, instrumentos musicais, adereços, lanternas, etc., e muito pouco, quase nada, em dinheiro de contado, e assim mesmo para fins determinados, confecção de vestimentas, preparo de estandartes e insígnias, pequenas despesas. Se se puder conseguir a doação de certas coisas ao grupo, será proveitoso fazer com que os brincantes mesmos as peçam e as recebam das mãos do doador e que, entre a obtenção e a entrega, e a fim de destruir a impressão de facilidade, ocorra um intervalo razoável. A ajuda em caso algum deve cobrir todas as despesas – uma parte delas será da responsabilidade pessoal dos componentes do grupo – nem se deve dar a impressão de que possa continuar todos os anos. Pelo contrário, será vantajoso insistir no caráter excepcional da ajuda, mostrar que da iniciativa do grupo é que decorrerão as possibilidades da sua manutenção futura e, ao falar da perspectiva de diminuição e suspensão da ajuda, indicar como as oportunidades de apresentação poderão compensar a sua redução ou falta. E, para dar responsabilidade ao grupo, deve-se exigir a prestação de contas de todo o dinheiro ou material que lhe tenha sido entregue. Esta calculada parcimônia evitará a exploração e, principalmente, o desleixo na reorganização do terno-de-Reis e da chegança. Embora, com a intervenção, se restaure o folguedo, jamais se deve esquecer que este pertence ao povo e deve ser mantido, de então por diante, com a sua iniciativa.

Toda esta intervenção exige a concessão da mais ampla liberdade, "muita liberdade", aos mestres, aos entendidos, aos animadores, em tudo o que diga respeito ao folguedo em si. Não poderemos pedir que o terno ou o bumba-meu-boi saiam à rua como o faziam em 1920 ou em 1928, nem a ninguém cabe o direito de propor que se dance, cante ou toque isto ou aquilo, desta ou daquela maneira. Possivelmente, depois de tantos anos de falta de oportunidades, o grupo não conseguirá reinstalar-se imediatamente no esplendor antigo: os jovens não terão o mesmo entusiasmo, às canções talvez falte a ingenuidade de outrora, parte da dança ou da representação estará esquecida ou estropeada. Que importa isto? A prática – o hábito de sair nos dias determinados – e a concorrência dos grupos do mesmo gênero em pouco tempo corrigirão os erros e as deficiências. O interesse popular que o reaparecimento desses folguedos suscitará certamente lhes trará o concurso, a crítica construtiva e talvez a participação de outros velhos mestres e entendidos porventura não alcançados nos primeiros contatos visando ao ressurgimento do *ludus*. Os responsáveis pela intervenção deverão ter a difícil mas salutar continência de servir ao folguedo trazendo-o novamente para a sociedade em toda a sua pureza popular, ou seja, como o faria o povo, se por si mesmo tivesse a possibilidade de fazê-lo. Temos o exemplo de José Loureiro Fernandes com as congadas da Lapa. Temos o exemplo de Théo Brandão durante a apresentação dos folguedos alagoanos na Semana de Folclore de Maceió (1952). Não foi outro o exemplo de todos os folcloristas que entraram em combinação com os folguedos populares de vários pontos do país para a sua apresentação coletiva no Parque do Ibirapuera, São Paulo, em 1954.

Os brincantes, nessa fase inicial de restauração dos folguedos populares, merecem atenção constante, mas discreta, e sobretudo oportuna, de modo a que jamais se sintam como crianças num orfanato. Somente no caso de mestres, entendidos e animadores já idosos, sem recursos, doentes – seria uma injustiça sobrecarregá-los, a título gracioso, com a tarefa de treinar o grupo –, essa atenção deve tomar a forma de ajuda financeira direta.

Então, como conseqüência dessas medidas, o problema da proteção aos folguedos populares, nas zonas em que se nota a sua decadência ou o seu desaparecimento, reduzir-se-á ao mesmo denominador. E bastará multiplicar as oportunidades de apresentação para que os tenhamos, afinal, bem vivos, como parte integrante da paisagem cultural, exatamente como sucede nas zonas em que os folguedos populares ampliam a sua área de penetração, ganham novas forças, progridem e florescem.

* * *

Um aspecto do problema que, dadas as condições especiais do Brasil, não se poderá subestimar, sob pena de pôr em perigo todo o esforço, é o do desenvolvimento do espírito associativo. Aliás, esta é uma necessidade nacional, que se reveste da mesma importância para todos os ramos de atividade, mas que, no campo do folclore, pode fixar e dar unidade a grupos tantas vezes heterogêneos, fugazes e ocasionais e, portanto, contribuir para a permanência, o florescimento e a perpetuação dos folguedos populares. A cooperação entre os brincantes, fomentada através de associações civis, propiciará o treinamento dos jovens, aprimorará a perícia dos mestres e dos entendidos, formará quadros administrativos e, afinal, criará uma base econômica estável para o folguedo. Eleições de rainhas, bailes, feijoadas, sortes, etc., são atrações para interessar o público – e trazer dinheiro para os cofres da sociedade.

Em geral, são as relações de parentesco ou de amizade que determinam as normas do folguedo. A disciplina das congadas, das folias-de-Reis e das pastorinhas, por exemplo, tem esta explicação. Poder-se-á dizer o mesmo do batuque de São Paulo, do moçambique, do jongo, do bumba-meu-boi. Estas normas têm servido até agora para fazer do folguedo uma escola, tanto para os jovens como para os velhos, mas não têm podido acabar com a precariedade econômica responsável pelos colapsos parciais ou totais do grupo. As escolas de samba desde cedo se organizaram como sociedades civis e, nesta qualidade, com as vantagens e garantias de que desfrutam as sociedades civis, consolidaram as suas forças e proliferaram com tal ímpeto que não há bairro carioca que as não possua. E daí partiram para novas e mais altas formas de associação, como a União Geral, a Federação e, afinal, com a fusão destas duas, a Associação Geral, que harmonizou quase toda a família do samba. A esta forma legal de associação, que dá unidade, fixidez e responsabilidade ao grupo e lhe amplia a base econômica, tornando permanente a contribuição ocasional dos amigos, terão de chegar, mais cedo ou mais tarde, por força das circunstâncias, todos os nossos folguedos. Só assim poderão sobreviver, com possibilidades de resistir a qualquer embate adverso. Se desejamos protegê-los, estimulá-los e restaurá-los, não será avisado induzi-los, desde já, a tomar o caminho da sociedade civil?

A mesma cautela ("uma extrema discrição") ter-se-á de observar neste capítulo. Não poderemos esquecer que essas associações civis nada mais são do que uma forma de organização do folguedo, visando à sua permanência e ao seu florescimento, e, portanto, devem gozar de liberdade, "muita liberdade", sem que a intervenção passe do preparo da papelada indispensável ao registro, de acordo com a vontade dos brincantes e com a lei. Baste um exemplo recente. Um político carioca fundou, com objetivos puramente eleitorais, a Confederação dos Reisados, entregando a sua direção a auxiliares imediatos. Os mestres de cerca de setenta folias-de-Reis jamais pagaram um tostão sequer de aluguel da sede ou de outras despesas, e todas as quartas-feiras escutavam discursos políticos e mirabolantes promessas de ajuda, mas sobre os seus problemas específicos pesava o mais absoluto silêncio. Perdida a eleição, o patrono abandonou os reisados. Os mestres saíram da aventura demagógica do mesmo modo que nela entraram – sem o registro individual das suas folias, sem o registro da Confederação e sem experiência no comando de uma associação civil e, portanto, no trato dos problemas comuns. Todos esses mestres, trabalhadores, homens responsáveis, acostumados a dirigir os seus foliões durante a *jornada* dos Reis, podiam contribuir para a associação com idéias e esforço, senão, certamente, com dinheiro. Agora, as folias-de-Reis, vencendo todas as dificuldades, estão tentando refazer o caminho por si mesmas. Teremos o direito de criar uma sociedade como esta – de cima para baixo?

A associação civil constitui um elemento de fixação dos folguedos populares. E este tipo de associação deve ser estimulado mesmo quando, como acontece, por exemplo, com o moçambique e as congadas, há inequívocos impulsos religiosos na organização e na apresentação do folguedo.

* * *

Há outro elemento de fixação, tão urgente quanto a proteção em si mesma, que não pode ser esquecido. Trata-se da pesquisa e registro dos folguedos populares, nos mais variados aspectos do fenômeno, especialmente música, texto literário, coreografia e história. A documentação pormenorizada de cada folguedo, além do seu valor intrínseco, pode servir de norma para a sua possível restauração ou, se esta se tornar impraticável no futuro, para a sua encenação por brincantes não tradicionais, como vem acontecendo na Inglaterra e em geral na Europa. Não é improvável que o interesse erudito na documentação do folguedo, em vista das oportunidades de trabalho em conjunto que propicia ao grupo, contribua, poderosamente – e isto depende de ser bem orientado –, para estimular ou restaurar a brincadeira popular.

A pesquisa não colide com a proteção, completa-a.

Dispomos, atualmente, de uma vasta literatura especializada, embora nem sempre de acordo com as normas da boa técnica, que infelizmente se encontra dispersa em toda sorte de publicações nacionais. Este material, valioso como parece, é insuficiente, pois, na maioria dos casos, não cobre todos os ângulos do fato considerado. A lacuna mais freqüente refere-se à coreografia. Nada temos ainda, nesse particular, dos folguedos alagoanos, tão exaustivamente estudados por Théo Brandão. Dos folguedos paulistas, a que Rossini Tavares de Lima e a Comissão Paulista de Folclore dedicam tanto carinho, não se pode dizer outra coisa, a não ser para o samba rural (Mário de Andrade), para o moçambique de Aparecida (Lourdes Borges Ribeiro) e para a dança-de-São-Gonçalo (Geraldo Brandão). Trabalhos que se aproximam do padrão ideal são os de Osvaldo Cabral em torno do vilão, do pau-de-fitas e da jardineira de Santa Catarina e de José Loureiro Fernandes acerca das congadas da Lapa, Paraná. Poderemos prescindir da coreografia do maracatu, dos bailes pastoris, do coco, dos cabocolinhos, do cateretê e do jongo? Muito pouco, quase nada, está documentado em filmes ou em fitas de gravação. O Paraná dá o exemplo, com três ou quatro filmes sonoros, realizados por um técnico em cinema, o velho Wladimir Kozak. Da mesma espécie há um filme pernambucano sobre o bumba-meu-boi. Em São Paulo, graças à operosidade da Comissão Paulista de Folclore, e no Distrito Federal, em virtude da extrema dedicação de Zaíde Maciel de Castro e Araci do Prado Couto, há filmes e gravações dos folguedos mais importantes. No Espírito Santo e em Alagoas Guilherme dos Santos Neves e Théo Brandão têm gravado a música e a literatura dos folguedos locais, a que podem acrescentar muitas e sugestivas fotografias. Considerando o muito que há a fazer, e que precisa ser feito com urgência, não podemos lembrar aqui a imagem da gota d'água no oceano?

A pesquisa de que necessitamos supõe equipes armadas do aparelhamento mecânico indispensável – câmara fotográfica, máquina de filmar, gravador de som, etc. –, e com treinamento razoável em trabalhos de campo, a fim de captar, em todos os seus detalhes, e no menor tempo possível, o *ludus* nacional. A documentação científica constitui, obviamente, uma forma de preservação dos folguedos e uma cautela sobre o futuro. E, se esta tarefa exige técnicos, que dizer das tarefas práticas, mais delicadas, mais permanentes, em que será necessário contato íntimo e constante com os grupos folclóricos, como a proteção e a restauração dos folguedos populares e o incentivo ao espírito de associação?

* * *

A proteção aos nossos folguedos, nas condições peculiares em que se encontra o Brasil, torna-se um dever urgente e irrecorrível para todos os folcloristas.

Proteger significa intervir, e normalmente seria paradoxal que a intervenção fosse aconselhada ou efetuada por folcloristas, mas, se soubermos usar de "uma extrema discrição", garantindo "muita liberdade" aos folguedos, a intervenção – pelo interesse eminentemente nacional de que se revestirá, devolvendo ao povo, sem lhes violentar o caráter, as suas costumeiras ocasiões de prazer – pode ser perdoada. Estaremos prestando ao Brasil um serviço que ninguém mais lhe poderá prestar.

Cabe à Comissão Nacional de Folclore, organismo coordenador das atividades dos folcloristas brasileiros, iniciar e orientar um amplo movimento em favor da solução do problema dos folguedos populares.

JUDAS, O DE KARIOTH*

Por que se queimam Judas?
Não será para punir a delação. Entre os supliciadores do bisonho boneco, haverá traidores, proxenetas, vigaristas, policiais, gente afeita a todas as tricas para perder os seus semelhantes. Não será para castigar a traição. Diante das chamas que lambem a tosca e ridícula figura, brilharão os olhos da esposa infiel, do desertor, do difamador e do poltrão. Não será para vingar o Cristo. O Filho do Homem já se foi há muito tempo – e, afinal, quem pensa mesmo no romântico judeu da Galiléia durante a queima do homem leviano de Karioth?
Esta orgia selvagem, uma barbaridade impossível de enquadrar-se na doutrina do reformador nazareno, será uma prática anticristã. Os Evangelhos contam que o Filho do Homem perdoou, à hora da morte, o homem fácil que, por trinta dinheiros, o perdera. O arrependimento nunca vinha tarde para o Cristo – e Judas, o de Karioth, procurou no enforcamento a expiação da sua culpa. Cristão seria perdoar o traidor, o delator, mesmo quando o prejudicado fosse, como foi, Aquele que se dizia a Encarnação do Verbo Divino. Prática anticristã, mas humana, e de cunho político. Nos primeiros séculos do Cristianismo, haveria a necessidade – a bem dizer polí-

---
* Ver nota de Raul Lody no final do livro.

tica – dessa triste cerimônia. Os cristãos, partidários de uma religião ilegal dentro do onipotente Império Romano, reuniam-se em catacumbas, em lugares esconsos, sob o maior mistério – e era necessário criar uma consciência contra o delator, contra os possíveis Judas, que poderiam determinar, não já a crucificação do Cristo, que afinal de contas viera mesmo ao mundo para, com o seu sacrifício, redimir a humanidade, mas a dos propagadores dos seus ideais de fraternidade, pobres e humildes elementos do *underground*. A queima do Judas se tornou, se não cristã, uma prática católica. Com que insistência a Igreja Católica – entre todas as seitas cristãs a que mais traiu os ensinamentos do Cristo, de maneira a desfigurá-los, a torná-los irreconhecíveis, criando abismos entre a prática e a teoria – denunciou os traidores e os apóstatas e perseguiu os hereges! Evidentemente, a necessidade político-religiosa dessa cerimônia medieval não tem mais razão de ser. O hábito, entretanto, ficou. Por quê?

Haverá traidores, prostitutas, caloteiros, esposas infiéis, difamadores, covardes, policiais, toda a escória da humanidade, a apreciar o ato selvagem da queima, em efígie, do homem de Karioth. "Quem lhe poderá atirar a primeira pedra?" – perguntaria o Cristo. Toda essa assistência – sem dúvida seleta – sabe apenas que ali está por se tratar de um divertimento cujo caráter popular aumenta a capacidade de difusão das dores e atribulações individuais, dissolvendo-as no meio da massa anônima que ri, que grita, que se enrosca de prazer, vendo o sofrimento simbólico do autor da mais sensacional das traições. Ninguém se lembrará do Cristo. O homem de Karioth encarna não uma coisa abstrata como a delação, a traição, a deslealdade, mas o vendeiro da esquina, o chefe de seção, o proprietário da casa de aluguel, a dona da pensão de mulheres, o turco da prestação, o cobrador do gás, o tio rico que não quer morrer, o rival político, o homem importante que passa de automóvel acendendo invejas impotentes. Estralejando, iluminado pelas chamas que o consomem, injuriado e coberto de infâmia, Judas, o de

Karioth, centraliza, por um momento, o ódio e a desesperança do homem comum contra o sofrimento a que está condenado, sentimentos inconsciente e grosseiramente voltados contra as categorias sociais imediatamente superiores à sua humilde condição – contra os burgueses das cidades e os latifundiários do interior. Judas vale como um desabafo, como uma explosão contra as amarguras da inferioridade social, a que somente a luta política comum pode dar conteúdo e forma superiores e mais vigorosos.

O chamado "sentido de ordem" do catolicismo se anula nessa orgia – nessa forma rudimentar de luta política – em que o povo se afirma contra os seus exploradores econômicos, intelectuais e políticos, na sua eterna e insaciada sede de justiça.

ESTE BOI DÁ...*

Não há animal tão vivo, na Bahia, quanto o boi, que se faz presente em todas as canções e folguedos populares. A área geográfica do boi, no folclore baiano, inclui a capital, o Recôncavo e parte do litoral ao sul da Cidade do Salvador. Essas zonas são urbanas, agrícolas ou fabris, e não de criação de gado, e dependem do interior quanto ao abastecimento de carne. Há, em conseqüência, uma valorização do boi, que explica a sua freqüência nas diversões do povo.

O auto da morte e da ressurreição do boi se representa de modo menos complexo do que o bumba-meu-boi do Nordeste ou o boi-bumbá do Norte. O boi Estrela, do Mar Grande (Itaparica), o boi Maravia, de Santo Amaro, e o boi Treme-Terra, de Ilhéus, por exemplo, trazem apenas o boi, o Vaqueiro, as pastoras e o Mestre, que dirige o coro, mas o rancho de Ilhéus pôs em circulação uma nova figura, Turubibita, semelhante ao Babau do Recife e à Bernunça de Santa Catarina. Parece, mesmo, que o auto se encontra, em toda a sua simplicidade primitiva, na Bahia, já que o enredo não passa da morte e do testamento do boi e da sua ressurreição, sem os incidentes que mascaram a representação, por exemplo, em Pernambuco e no Pará. Em Ilhéus, centro produtor e exportador de cacau, o boi Treme-Terra já não se distingue de um rancho qualquer a não ser pela presença do animal.

---
* Ver nota de Raul Lody no final do livro.

Os candomblés de caboclo, que são uma etapa no processo de nacionalização das religiões trazidas pelo negro, incorporaram à mitologia popular o *encantado* Boiadeiro, criação relativamente recente, que diviniza a profissão de vaqueiro – provavelmente uma conseqüência remota, mas certamente imprevista, da voga da literatura regional. Este personagem, dos mais familiares à *aldeia* dos caboclos, traz um chapelão de couro, um alforje e uma corda de laçar e pita cachimbo:

> Eu sou Boiadeiro,
> que vem da boiada
> Eu sou Boiadeiro,
> sou rei da chapada

Não somente o vaqueiro vem da *chapada*, como o terreno de pastagem, por ser um planalto, é pedregoso e árido, *lajedo* ou *lajeiro*. E, invariavelmente, o vaqueiro se mostra inquieto com o que possa acontecer ao gado, especialmente extravio e roubo. Assim neste cântico com que se saúda o Boiadeiro à sua chegada à aldeia:

> Quand'eu vim de lá de cima
> eu vim foi de pé no chão,
> minh'alpercata de couro,
> chapéu de couro na mão

> *Estribilho*:
>
> Caboco, que zoada é esta?
> As água já vêm correndo
> Meu boi tá esparramado
> Você que anda fazendo?

> Lá em cima passa boi,
> também passa boiada
> Assim passa meus caboco
> ao rompê da madrugada

> Pensa que cavalo é boi?
> Cavalo não é boi não
> Boi entra no açougue,
> cavalo não entra não

Outras vezes, denunciando a influência de costumes sertanejos, o *encantado* se desespera à procura da boiada:

> Cadê minha corda
> de laçá meu boi?
> Meu boi fugiu,
> eu não sei pra onde foi
>
> Abri-te, cancela,
> que eu quero passá
> Quero vê meu gado,
> aonde ele está

Também nas sessões de caboclo, uma derivação dos candomblés com predominância das normas espíritas, o boi torna apreensivo o Boiadeiro:

> Aqui na boiada me fart'um boi
> Eu matei um, inda me farta dois
> Vira lá, vira cá, vamo vê o que é...

Somente na capoeira de Angola não se encontra o boi. O caráter essencialmente urbano desse jogo, diversão predileta dos "moleques de sinhá" nos tempos da escravidão, talvez explique esta ausência. Já não se pode dizer o mesmo do *batuque*, a forma local da *pernada*, que na Bahia não passa de um complemento da capoeira. Das canções que consegui recolher na capital, nenhuma fala do boi, mas, na zona canavieira do Recôncavo, o jogo se chama *batuque-boi* e um dos golpes tem o nome de *ferrão-no-boi*. O batuqueiro, nessa região, está em constante contato com o boi, utilizado como força motriz e animal de tração – e daí empregar, durante a competição, expressões típicas da lida com o gado, como a exclamação *ecô* e a zombaria coletiva *levanta, boi*, quando o batuqueiro dá com os fundilhos no chão.

O boi comparece nos sambas de roda da capital e do Recôncavo, uma diversão rural em processo de urbanização. Ao som de ganzá, pandeiro e prato, canta-se, no Mar Grande,

> Vadeia meu boio, boião!
> Vadeia meu boio do sertão!

enquanto, na Cidade do Salvador, o boi surge apenas no coro,

> Ói, pisa na linha...
> – Levanta o boi!

denunciando reminiscências do auto, que esporadicamente volta a se representar, com o Rancho do Boi, durante as janeiras.

Também nas emboladas do Recôncavo não é difícil encontrar o boi, seja sozinho, seja através de peripécias naturais no trato com o gado, como neste exemplo do Mar Grande:

> A onça pega no sarto,
> a cobra pega no bote,
> e o vaqueiro, pra sê bom,
> tira a novia do lote

As cantigas populares não esqueceram o boi. Por volta de 1922 ou 1923, foi muito popular uma dessas cantigas, que tinha como refrão um diálogo,

> – Este boi dá, muié!
> – Meu marido, tanj'este boi!

enquanto, em outra, previa-se o caso de extravio da rês, que, como vimos, é uma preocupação permanente do vaqueiro, tal como o concebe a imaginação popular:

> Se meu boi fugi,
> eu conheço e vô pegá
> Levo meus apareio
> e minha corda de laçá

A conversação diária, na Bahia, reserva grande espaço ao boi. Ora representa o boi o papel de escudo, com que as pessoas se defendem de insultos ou de insinuações desagradáveis, como neste exemplo,

> – Atrevido!
> – Atrevido é o boi!

ora, quando a conversação se desenvolve em tom pilhérico, tem o boi o poder de fecundar mulheres:

> – Você tá prenha?
> – Tou. Do boi da Penha.

Nada de extraordinário nesta constância do boi nas diversões locais, pois até as crianças de peito são embaladas com a cantiga de ninar que diz:

> Boi, boi, boi,
> boi da cara preta,
> pega este menino
> que tem medo de careta

O pacífico ruminante venceu com facilidade o macaco, a onça e o cágado na preferência das camadas populares da Bahia.

A DESCOBERTA DO MARIDO*

À aproximação da meia-noite, no São João, a moça da Bahia prepara-se para adivinhar, por uma infinidade de processos mágicos, quem será o seu marido.

O processo de adivinhação, individual ou coletivo, é qualificado de "sorte", mas a despeito disso não leva em conta acontecimentos imprevisíveis, e é válido somente para um período determinado – até o próximo São João. A interpretação da "sorte" é pessoal, no caso de jovens reservadas, ou coletiva, quando se trata de moças mais *dadas*, mais comunicativas. A descoberta do marido, em qualquer caso, faz parte da folgança geral.

A maneira mais conhecida, embora menos usada, de saber com quem a moça vai casar é enfiar uma faca virgem no caule de uma bananeira, à meia-noite, e decifrar a letra que a ferida deixar na lâmina – a inicial do felizardo.

O copo d'água, colocado perto da fogueira, serve para adivinhar. Há moças que vêem o futuro na água, sem necessidade de lhe acrescentar mais nada. Outras benzem um ovo sobre a fogueira e deixam cair no copo a clara, que então desenha um quadro – o do casamento, a melhor das hipóteses, uma viagem ou o enterro. Outras ainda escrevem em pequenos pedaços de papel o nome dos

---
* Ver nota de Raul Lody no final do livro.

seus pretendentes, com a mesma circunstância de benzê-los sobre a fogueira, e os põem dentro da água do copo: aquele que se abrir primeiro será o do futuro esposo.

A moça pode saber o nome do marido colocando-se atrás de uma porta – geralmente a porta da rua – e fazendo bochechos com água, naturalmente depois de benzê-la na fogueira. O nome do marido será o primeiro nome de homem que escutar. Ou então escreve muitos nomes em pedacinhos de papel e os enrola em palitos de fósforo, guardando-os em algum lugar. O papel que, de manhã, estiver desenrolado dará a resposta que se espera.

Também é possível descobrir se o marido será pobre ou rico, velho ou moço. Para conhecer a sua capacidade econômica, a jovem procura três caroços de feijão, descasca um deles completamente e outro pela metade, deixando o terceiro intato, e os coloca debaixo do travesseiro. De manhã, sem os ver, apanha um deles. Se for o caroço completamente sem casca, o marido será um pobretão; se for o semidescascado, será remediado, homem de algumas posses; se for o outro, será rico. Para saber a idade do marido, a moça dispõe uma dúzia de limões, seis verdes e seis maduros, e vai buscar um deles, de olhos vendados. Se apanhar um limão verde, terá um moço por companheiro; se apanhar um maduro, terá um velho.

As moças, em grupo, podem descobrir ainda qual delas se casará primeiro. Forma-se uma roda de moças, cada qual com um pouco de milho aos pés, e no meio da roda solta-se um galo. A preferência do galo indica a que mais depressa passará para o rol das casadas. Pode-se falar, gritar, cocoricar, induzir o galo a preferir este ou aquele punhado de milho, mas não tocar diretamente no animal.

Se a moça quer saber uma coisa especial – relacionada com o casamento, mas não enquadrada nestas possibilidades –, há o recurso de fazer secretamente a sua pergunta ou exprimir o seu desejo enquanto planta um dente de alho. Se, no dia seguinte, o alho estiver grelado, a resposta será afirmativa ou o que se deseja acontecerá.

Nenhum destes processos divinatórios terá valor, nem dará resultado, se não for iniciado à meia-noite, ou logo depois, ou se a água e os objetos usados não tiverem passado pela fogueira. As bombas e os fogos de artifício, os balões, as fogueiras, a canjica e o licor de jenipapo, a excitação das danças e das *linhas* de namoro se completam com esta descoberta do marido, que acrescenta de muito a poesia da noite de São João, a noite mágica por excelência.

MUTIRÃO*

A cooperação vicinal, bem desenvolvida e até mesmo estimulada em outros países, apresenta-se de forma rudimentar no Brasil. Os observadores têm mesmo chegado à conclusão de que essa prática mutualista, de tão grande importância para a economia de sitiantes e agricultores pobres, está em decadência, senão em desorganização e desaparecimento.

Encontramo-la, entretanto, sob uma forma ou outra, em todo o território nacional, e com mais vigor nos raros pontos em que existe a pequena propriedade, que esta cooperação ajuda a sobreviver. À forma brasileira de auxílio mútuo entre vizinhos dá-se geralmente o nome de *mutirão* ou *adjunto*, a primeira uma palavra indígena, aportuguesada, a segunda uma palavra portuguesa. E com isto, e com a tradição africana no particular, se identifica a origem deste costume no país. Os portugueses já se valiam desta prática no Reino. Quanto aos índios, Yves d'Évreux observou o mutirão entre os tupinambás do Maranhão, o padre Fernão Cardim o noticiou num ponto não especificado da costa e, mais recentemente, Stradelli o foi encontrar no baixo Amazonas. Há, naturalmente, uma série enorme de variantes de *mutirão* e *adjunto* – ora próximas das origens ameríndias, como putirão, muquirão, putirum, puxirum,

---

* Ver nota de Raul Lody no final do livro.

etc., no sul e no vale amazônico, ora designações particulares, regionais, que denunciam a procedência portuguesa do costume vicinal, como arrelia, bandeira, batalhão, boi-de-cova, faxina, etc., nos estados nordestinos. Note-se que *bandeira* e *batalhão* são termos empregados nas democracias populares para caracterizar um tipo de trabalho cooperativo semelhante ao mutirão nacional. A *traição* de Goiás constitui uma nova modalidade, inteiramente inesperada, de ajuda. Emílio Willems observou o mutirão entre as populações de ascendência alemã de Santa Catarina.

O mutirão é a ajuda, em trabalho, que os vizinhos dão a algum sitiante ou agricultor pobre, porventura em dificuldades. A não ser na *traição*, quem decide da dificuldade é o interessado, que promove o mutirão. Os vizinhos comparecem, com as suas ferramentas e utensílios, sem diferença do trabalho normal de todos os dias. Habitualmente, o mutirão se faz para roçar ou capinar ou para uma farinhada (o putirum de Raul Bopp em *Cobra Norato*) e, quando calha, para a cobertura de casas de sapé. Sabe-se que as rendeiras nordestinas recorrem ao auxílio das companheiras quando têm em mãos grandes encomendas. O beneficiário do mutirão paga o trabalho dos vizinhos com o compromisso de participar de futuros mutirões.

Manda o costume que o *dono* ou *patrão* do mutirão, o seu promotor, forneça comida e cachaça para os vizinhos que vêm ajudá-lo e que, por sua vez, os ajude no trabalho. A despeito dos aspectos lúdicos que o transformam em festa, o mutirão é essencialmente uma ocasião de trabalho, que às vezes vai de sol a sol. Todos trabalham: os homens na roça, as mulheres na cozinha, as crianças servindo comidas e bebidas. O mutirão propicia canções e desafios cantados, dependendo da qualidade do serviço e do ânimo dos participantes, terminando quase sempre com uma festa de dança que se prolonga noite adentro.

O mutirão desenvolveu certas regras no Sul do país. Alceu Maynard Araújo, que testemunhou o *muquirão* de São Luís do Paraitinga

(São Paulo), informa que há duas maneiras de realizar o trabalho em comum – por tarefa ou numa só linha. Neste último caso, os vizinhos avançam um ao lado do outro, capinando ou roçando, de um extremo a outro do campo. Preferido pelos sitiantes, o trabalho por tarefa (e a palavra *tarefa* deve ser tomada aqui no sentido de medida de superfície) instiga a emulação entre os participantes: "As *tarefas* ou *eitos* são divididos em *quadras*. Na *quadra* trabalha um só indivíduo... A emulação parte do fato de todo o trabalho a ser executado ser dividido primeiramente em duas grandes *tarefas* nas quais competem os convidados e mais uma tarefa que é a do *patrão* e seus camaradas. As duas tarefas que competem são divididas em quadras. Os trabalhadores das quadras da tarefa A são companheiros, auxiliam-se mutuamente e procuram derrotar os companheiros da tarefa B." O camarada que termina a limpeza da sua *quadra* vai ajudar o companheiro mais próximo, e assim por diante. Aquele que acaba primeiro o seu trabalho chama-se *salmoura*, o último, *caldeirão*. Quando, entretanto, termina a competição entre os dois grupos de vizinhos, estes, reunidos, vão dar o *vivório*, ajudar no trabalho da tarefa atribuída ao promotor do muquirão e aos seus agregados.

Todos se igualam no mutirão, como simples camaradas de trabalho. Emílio Willems, que observou o mutirão de Cunha (São Paulo), notou que o dono do sítio trabalhava ombro a ombro com os vizinhos, de tal maneira que as pessoas que o não conhecessem não o teriam podido identificar entre os demais: "Não se estabelece nenhuma distância social entre proprietários e agregados." Não escapou a Alceu Maynard Araújo "a queda de toda e qualquer barreira social que possa existir entre proprietários e simples camaradas..." Hélio Galvão, porém, encontrou no Nordeste um personagem chamado *cabo*, que, aparentemente, tinha a função especial de comandar as canções durante o trabalho.

A forma de mutirão particular a Goiás tem o nome, estranho à primeira vista, de *traição*. No mutirão em geral, a iniciativa parte do sitiante ou agricultor necessitado, que solicita a cooperação dos vizinhos e prepara a comida e as bebidas para os convidados. Na *traição*, ao contrário, são os vizinhos que organizam, às escondidas, o grupo de trabalhadores para ajudar o companheiro em dificuldade. Alceu Maynard Araújo, na base de observações em Inhumas (Goiás), garante que essa modalidade de ajuda, mais comum do que o mutirão na zona, "é de fato uma surpresa para o que a recebe", sendo que, se o beneficiado não pode fornecer comida e bebida para os *traiçoeiros*, estes se encarregam de tudo.

O simples compromisso moral de participar de outros mutirões basta para retribuir toda esta boa vontade dos vizinhos. E é tal a importância social e econômica do mutirão que, se não pode comparecer pessoalmente, o vizinho sempre manda alguém que o substitua no trabalho comum. Esta espécie de participação é a regra para os sitiantes e agricultores mais individualistas ou mais abastados.

Parece não haver canções especiais de mutirão, ao menos como regra. No muquirão de São Luís do Paraitinga, porém, cantava-se o *brão*, um desafio adaptado à ocasião, e, no Rio Grande do Norte, Hélio Galvão pôde recolher uma antiga canção de faxina, provavelmente também uma adaptação, com certas entonações de aboio.

Entre as poucas fontes para estudo do mutirão, apontaremos: Alceu Maynard Araújo, "Muquirão", in *Fundamentos*, março-abril de 1949; Emílio Willems, *Cunha. Tradição e transição em uma cultura rural do Brasil*, São Paulo, 1947; Hélio Galvão, "Mutirão e adjunto", in *Boletim Geográfico*, agosto de 1945, *Mutirão – Formas de ajuda mútua no meio rural*, Brasiliana, Cia. Editora Nacional, 1956.

O FOLCLORE DO NEGRO*

Tem-se geralmente a impressão de que a contribuição do negro constitui a parte mais difícil do folclore brasileiro. Será verdadeira essa dificuldade?

O desconhecimento do negro brasileiro começa das suas origens. De onde procediam os escravos chegados ao Brasil? Sabemos, vagamente, que vinham da África, mas talvez não possamos apontar exatamente no mapa a situação geográfica desta ou daquela tribo. Na verdade, poucos dentre os brasileiros terão a noção das divisões tribais que existiam entre os escravos. E, agora, em conseqüência da destruição dos documentos do tráfico, será quase impossível traçar a distribuição espacial dessas tribos no território nacional.

Não é de agora este descaso, este desinteresse pelas origens do negro. Sob a escravidão – se excetuarmos, naturalmente, as guarnições dos navios negreiros – não se sabia muito mais. Ainda em 1868, em plena São Paulo, Castro Alves comovia os seus ouvintes descrevendo, como a pátria dos escravos, as regiões do deserto do Saara e do vale do Nilo. O negro residente no país foi qualificado, abundantemente, de *etíope*, nos trabalhos de Melo Morais Filho e de Manuel Querino. O costume do tráfico, de dar às peças a denominação do porto de origem, dava margem a novas confusões.

---
* Ver nota de Raul Lody no final do livro.

Podemos resumir a questão dizendo que o negro foi trazido para o Brasil de uma região que vai do Golfo da Guiné até a colônia portuguesa de Moçambique, excetuando a ponta meridional do continente, terra dos bosquímanos e hotentotes. Essa região é *o habitat* do "verdadeiro negro". Daí nos chegaram nagôs, jejes, haussás, tapas, minas (tshis e gás), mandês (mandingas), angolas, congos, benguelas, monjolos, moçambiques... – uma infinidade de tribos. Também estas tribos podem ser, e na verdade já o foram por Nina Rodrigues, reduzidas a dois grandes grupos – sudaneses e bantos. O primeiro grupo abrange, principalmente, nagôs e jejes, minas e mandingas, e, mais para o interior, os haussás. O segundo compreende especialmente angolas, congos e moçambiques. Há certa homogeneidade em cada qual desses grupos. Os sudaneses habitam praticamente a mesma região e têm costumes parecidos. A única exceção está na tribo islamizada dos haussás. Quanto aos negros bantos, a homogeneidade é ainda mais flagrante, pois, além de se verificar no *habitat* e nos costumes, estende-se à língua.

A dificuldade – se existe – começa quando sentimos a necessidade de, para entender o folclore do negro brasileiro, estudar os costumes dos povos africanos que deram escravos ao nosso país. Neste ponto, é essencial que recorramos à etnologia e à lingüística. A primeira destas disciplinas nos dará notícias imprescindíveis sobre as concepções, o estilo de vida, os costumes dos povos que nos interessam. E, com o auxílio da segunda, poderemos encontrar, aqui, os fios perdidos que ligam o negro africano aos seus descendentes brasileiros. Mas a grande dificuldade, a dificuldade verdadeira, está na relutância com que nos dispomos a encarar os problemas do negro...

Ora, temos de confessar que os estudos brasileiros do negro não esclarecem, antes confundem ainda mais a situação. Todos se lembram do apelo desesperado de Sílvio Romero para que se estudasse, com urgência, o que de positivo restava do negro, sob pena de se perder completamente essa oportunidade. Nina Rodrigues, que atendeu a esse apelo, teve de começar do princípio. Não havia pesquisadores antes dele – e depois dele foram e são poucos os que se dedicam a desenterrar o passado ou a perquirir o presente do elemento de cor. Sendo poucos, os pesquisadores do negro se restringiram ainda mais, fazendo do seu campo de pesquisa a religião e, em proporção muito menor, o folclore. O grande documentário de Nina Rodrigues ficou, infelizmente, incompleto. Os seus continuadores, e especialmente Arthur Ramos, só secundariamente se interessaram por outros problemas que não o das concepções religiosas. Os Congressos Afro-Brasileiros do Recife e da Bahia e, ultimamente, o Congresso do Negro Brasileiro, no Distrito Federal, alargaram o campo de interesse, mas não suficientemente.

Com efeito, há uma lacuna essencial nesses estudos. Não se encara a vida do negro de um ponto de vista dinâmico. Praticamente, o que se faz é a história do negro, e nem sempre com os métodos e materiais mais recomendáveis ou fidedignos, senão com certo saudosismo. À exceção de trabalhos de antropologia física, devidos principalmente a Bastos de Ávila e Maria Júlia Pourchet, e de uma ou outra pesquisa em torno de contos e lendas, pode-se dizer que em geral esses estudos não se baseiam em inquéritos e trabalhos de campo rigorosamente científicos, quando não são apenas memórias da adolescência e da juventude. Esses estudos não tratam das várias forças sociais que influíram e influem sobre o negro – e a literatura já existente é assustadoramente pobre quanto a problemas como comportamento social, criminalidade, natalidade e mortalidade infantil, possibilidades educacionais e artísticas, higiene, sexualidade, ascensão social, etc.

No referente ao folclore, o número de trabalhos existentes chega a ser ridículo. Sílvio Romero não teve muita sorte na caracterização dos contos populares de influência negra. O capítulo de Nina Rodrigues sobre folclore ficou inacabado, mas, na parte que dele resta, podemos notar que não teria adiantado muito. Não se pode dizer que sejam estudos de folclore as crônicas pobres de Manuel Querino ou as descrições literárias de Melo Morais Filho. Mas já são aquisições positivas a coletânea de contos populares que se deve a Silva Campos, em que há pelo menos algumas estórias de indiscutível procedência africana, e o livro de Arthur Ramos sobre o folclore negro. Não direi que este livro seja definitivo, nem que nele se encontrem todas as manifestações folclóricas do negro. Pelo contrário, o livro é esquemático demais, ressente-se da falta de conhecimento direto do assunto e, para cúmulo, se serve da psicanálise, uma diversão pseudocientífica muito em moda antes da guerra. Mesmo incluindo o livro de Arthur Ramos, que bem ou mal é uma tentativa de estudo em conjunto do problema, podemos dizer que todos os pesquisadores deixaram de reconhecer fenômenos importantíssimos do populário de influência negra e fizeram, em torno daqueles que anotaram, estudos deficientes e precários.

Com efeito, a grande contribuição folclórica do negro está nos folguedos que nos legou – e não nos contos e em geral na literatura oral que chegou até nós. Creio que, neste setor, mais do que em qualquer outro dos estudos do negro, impõe-se uma revisão cuidadosa e metódica, pois será aqui, sem dúvida, que encontraremos o negro comportando-se como brasileiro.

Os estudos sobre o negro têm se concentrado sobre as suas religiões – exatamente aquela parte da vida do negro em que ele mais resiste à sua nacionalização. E, neste capítulo, os trabalhos mais notáveis se referem ao culto nagô: Nina Rodrigues, Arthur Ramos e Manuel Querino lhe dedicaram vários livros e trabalhos diversos. O culto dos jejes foi recentemente estudado por Nunes Pereira e por Otávio Eduardo. Os pesquisadores do Recife, embora sem o mesmo rigor etnográfico dos da Bahia, e na verdade guiados pelo preconceito de que as religiões do negro são um problema de higiene mental, estudaram os cultos nagô e jeje, na forma sincrética em que se encontram na capital pernambucana. Somente a macumba carioca não teve ainda um pesquisador à altura da sua importância. É significativa essa ausência de pesquisa científica, pois a macumba, embora seja nela decisiva a influência do negro, admite práticas de magia européia, superstições medievais e crenças ameríndias, que podemos resumir no espiritismo, no catimbó e na pajelança – quero dizer, a macumba já é uma religião popular, que assume cada vez mais esse caráter. Na macumba carioca talvez esteja o caso extremo, e sem dúvida singular, em que as religiões do negro, abrindo mão do seu arraigado sentido tribal, entram em fusão aberta com as concepções religiosas de outros grupos étnicos.

Ora, essas religiões do negro são na verdade religiões nagôs, e secundariamente jejes. Tentei provar esse ponto de vista no meu *Candomblés da Bahia*: as seitas religiosas que trazem os nomes dos povos de Angola e do Congo não são mais do que adaptações das crenças dos nagôs e, em grau menor, dos jejes. O Islão chegou ao Brasil através dos haussás e de elementos nagôs e tapas que com os haussás já tinham contato, na África, mas as suas práticas religiosas desapareceram, especialmente em conseqüência da repressão aos movimentos insurrecionais que desfecharam na Bahia, mas talvez, também, por não se acomodarem à condição de vida e às possibilidades intelectuais dos escravos. Os jejes modificaram levemente as concepções nagôs, mas só no Maranhão conseguiram alguma importância, com a tradicional Casa das Minas.

Dos nagôs e dos jejes pouca coisa restou no folclore nacional. Esses povos, agricultores e artífices, estavam bem plantados nas suas terras ao começar o tráfico de escravos. As condições da escravatura fizeram com que toda a sua atividade extradoméstica, no Brasil, se concentrasse nos candomblés, que foram a sua grande força aglutinadora. Do seu folclore, por isso mesmo, ficaram apenas os contos, que ainda hoje correm mundo, e, já desaparecido, o jogo do *aiú*, de que Manuel Querino nos dá notícia. Naturalmente, a esses povos se deve uma série de superstições em torno de Yemanjá, deusa da água, que faziam parte das suas crenças, mas a voga popular da mãe-d'água *africana* não é obra sua. E já são folclóricos, sem dúvida, o traje cerimonial de filha-de-santo, a "baiana", a pulseira de balangandãs, etc., que na verdade eram vestimentas, costumes e ornatos cotidianos, que só assumiram caráter folclórico devido à situação especial em que aqui se encontraram os seus portadores. Dos malês, os negros muçulmanos, restou apenas o camisu. Devo declarar que não considero folclore as religiões do negro. Por mais absurdo que pareça, há tendência a considerar folclóricos esses cultos, que são, em qualquer estado em que os encontremos, uma atividade hierarquizada, com base em concepções intelectuais que, embora não escritas – ou não escritas no Brasil –, são entretanto eruditas por terem passado, de um modo ou de outro, pela sanção oficial. Chegará o dia, certamente, em que poderemos mencionar esses cultos como folclore, mas, por enquanto, mantendo, como mantêm, a sua homogeneidade e a sua força de coesão, são formas religiosas que coexistem com tantas outras na sociedade brasileira.

Não temos por que incluir aqui o folclore de Pai João. Essa literatura, às vezes sentimental, às vezes repassada de dor e de revolta, mas sempre com um alto sentido de humanidade e de justiça, não é um legado do negro. É uma literatura inspirada no sofrimento do negro, fruto do sentimento popular em relação à escravidão, que, tanto na sua configuração como nas suas maneiras de expressão, se denuncia como parte da literatura oral de origem lusitana, com orientação do seu interesse para a sorte dos escravos. São legítimas, por isso mesmo, as suas qualidades folclóricas. Já não podemos dizer o mesmo quanto ao movimento em favor da Mãe Preta, iniciado em data recente, com o objetivo de mover a piedade dos brasileiros. Movimento demagógico, animado por conhecidos mistificadores e exploradores dos sentimentos do povo, a Mãe Preta não perdurou, a despeito de toda a simpatia que inspiraram e inspiram as antigas amas-de-leite. Não se pode impor o folclore.

Se o nagô, o jeje e o negro sudanês em geral nada, ou quase nada, deixaram no folclore brasileiro, a situação muda completamente quando nos referimos ao negro procedente de Angola, do Congo e de Moçambique. Esses negros, principalmente pastores, não tinham uma religião elaborada, como a nagô, para os absorver completamente. Ao contrário dos nagôs e dos jejes, ou dos sectários haussás, esses negros passavam mais tempo fora do que dentro de casa. Aderiram aqui às religiões do negro sudanês, mas sem se agarrar demasiado às suas concepções, de maneira que possibilitaram o aparecimento de várias formas de culto, inclusive as formas recentes em que já se usa a língua portuguesa e se suprime a necessidade da iniciação. As suas maneiras de lutar, os seus jogos, as suas diversões de conjunto se impuseram em toda parte. Onde melhor se pode notar esta situação é na Bahia: toda a religião do negro está sob o signo dos nagôs ou dos jejes; todo o folclore do negro se deve ao angolense e ao conguês. Além de terem transformado a devoção a Iemanjá em festa pública, os negros bantos, indóceis, gente de pouca confiança dos brancos, transformaram o panorama geral da escravidão. Nas cidade o nagô era o ganhador, o negro de arruar, a mucama, subserviente ao senhor, enquanto o angola, principalmente, era o revoltado, o malandro, o fazedor de desordens. A estes negro devemos Palmares, parte da Balaiada, os vários quilombos que existiram no país e os motins e levantes de escravos – com exceção, naturalmente, das revoltas malês.

Se fizermos um balanço consciencioso, notaremos que ao angola devemos muito mais do que aos outros negros bantos, congos e moçambiques. De todos os portos de Angola, de Loanda, de Benguela, de Mossâmedes, do Rio Ambriz, chegaram escravos ao Brasil. É difícil dizer a que tribos angolenses pertenciam esses negros, pois as tribos locais viviam em guerras constantes, quase sempre estimuladas pelos traficantes, e eram os prisioneiros feitos na guerra que vinham para cá. E esses prisioneiros assumiam, nos papéis do tráfico, a nacionalidade do porto de embarque. Desde cedo os homens dessa região foram localizados em Pernambuco, no Maranhão, no Rio de Janeiro, e no começo e no fim do comércio negreiro na Bahia, ponto de concentração preferido de nagôs, haussás e jejes. As condições de vida nessas províncias eram duras e difíceis. Ainda na segunda metade do século XIX, os senhores amedrontavam os escravos com a perspectiva de vendê-los para o Maranhão. Em parte alguma a expressão "máquina de trabalho" se aplicou tão bem ao escravo como nos canaviais de Pernambuco. E, no Rio de Janeiro, o negro era caçado nas ruas, oprimido em toda parte, eterna vítima do quadrilheiro da justiça. O angola resistiu a tudo isto, com decisão e bonomia. A ele devemos as duas maiores diversões de procedência africana: o samba e a capoeira.

A roda de samba, sob uma aparência angelical, de simples diversão de escravos, floresceu nos campos, nas fazendas, nos lugarejos do interior. Um grupo de negros se reunia, formando roda, tendo apenas como orquestra um prato de cozinha, um ganzá ou recoreco, às vezes uma viola, um bombo ou um pandeiro. Um deles solava, os demais respondiam em coro. E um dos componentes do grupo dançava no meio do círculo, mal levantando os pés do chão, volteando sobre si mesmo, requebrando o corpo... Todos tinham a sua vez de dançar: o dançarino, com uma umbigada, dava o seu lugar a outro. Com estas características podemos encontrar o samba em muitos pontos do país – inclusive no Rio de Janeiro, onde a palavra significa outra coisa. E sem dúvida deve ter influído no coco, especialmente no coco da região entre Pernambuco e Paraíba, o coco de bingada. E aqui mesmo, em São Paulo, o encontramos sob o nome de batuque, certamente já misturado a formas não populares de dança. A leveza da dança, especialmente no passo chamado *miudinho*, de execução quase imperceptível, talvez tenha contribuído para a voga em que esteve o passo *baiano* no Nordeste, como naqueles versos do bumba-meu-boi, de outra maneira incompreensíveis:

> ... dança bem baiano
> Bem parece ser
> um pernambucano.

Há duas coisas que marcam esta dança popular, folclórica, em acelerado processo de urbanização, como herança do angola. Entre as diversões do negro, apenas as de Angola são de provocação: não são diversões fechadas, de que participem somente os componentes do grupo. No caso do samba, a umbigada é a provocação. Além disto, *semba* é o nome da umbigada em Angola e, de acordo com o testemunho de Pereira da Costa, no seu tempo era com esse nome de *semba* que os negros do Recife mencionavam a dança.

Samba, samba de roda, corta-jaca, coco de bingada, batuque, etc. –, todas estas denominações indicam o mesmo "samba rural" que Mário de Andrade pôde estudar em Pirapora.

Também se deve ao angola a capoeira. Menos generalizada do que o samba, simples jogo de destreza na África, tornou-se aqui, nas cidades, a arma de defesa do angola – do afilhado do senhor, do "negro de sinhá", do liberto. Esta diversão de Angola parece ter sido a mais fértil de todas as diversões que devemos ao negro. A capoeira trouxe consigo, como jogo auxiliar, o batuque ou pernada, deu nascimento ao *passo* ou frevo e contribuiu para o marabacho do Amapá. Floresceu principalmente no Rio de Janeiro, na Bahia e no Recife. Foi o instrumento que garantiu a sobrevivência ao liberto. Todos conhecem o tipo clássico do capoeira – lenço ao pescoço, chapéu de banda, faca à cintura... Era temido no Rio de Janeiro e no Recife, e apenas respeitado na Bahia. Quando os capoeiras se reuniam para uma demonstração amistosa, formavam roda, com orquestra de pandeiro, berimbau e ganzá, faziam a volta ao círculo, aos pares, e *vadiavam*. Havia, então, uma exibição de extrema agilidade – *rabos-de-arraia*, *aús*, *balões*, *rasteiras*... Diante da polícia, porém, esqueciam as regras do jogo, a lealdade que caracteriza a capoeira, e atacavam por todos os modos e maneiras, a faca e a cacete, e em geral conseguiam pôr em fuga os soldados. E foram os valentões do tempo. Muito cedo começou a repressão policial à capoeira, no Rio de Janeiro, que se intensificou mais ainda no século XIX, com portarias da Regência e com dispositivos especiais do Código Penal da República. Perseguidos, caçados a tiros nas ruas, morrendo à míngua nas prisões, os capoeiras desertaram a cena. Na Bahia, somente nos últimos anos do século XIX se iniciou a repressão: as autoridades recrutaram os capoeiras para a guerra contra o Paraguai.

As diversões populares oferecem grande resistência à coação. Ao lado da capoeira existia uma forma auxiliar, subsidiária, parte do treinamento geral do angola, que no Brasil tomou os nomes de batuque ou pernada. É uma competição individual. Um dos parceiros *se planta*, unindo bem as pernas, enquanto o outro, dançando à sua volta, aproveita qualquer momento de descuido para derrubá-lo com uma *rasteira*. Esta forma de luta, a *banda*, permaneceu, depois de eliminada no Rio a capoeira. É hoje, sem contestação, a forma de luta do povo, a sua grande arma de defesa pessoal. O batuque existe na Bahia, mas não tem a importância que assume no Distrito Federal. Creio que isto se deva a que, na Bahia, a capoeira não foi suprimida, mas continua em todo o seu vigor – e ainda com o seu antigo caráter de jogo tribal. No Recife, a repressão ao capoeira, que ali era o mesmo indivíduo agressivo que conhecemos do Rio de Janeiro, teve início nos começos do século XX. Maltas de capoeiras saiam às ruas, armados de cacete, gingando, o chapéu atrevidamente no alto da cabeça, protegendo duas bandas de música rivais. Dos seus saracoteios, dos seus desafios, das suas proezas como guarda-costas dessas bandas, nasceu o frevo ou *passo*. Os adeptos de cada banda acompanhavam os movimentos dos capoeiras, movimentos que por sua vez se adaptavam à música, já influenciada pelos ritmos descabelados que marcaram os anos anteriores à guerra de 1914. De modo que, saindo da circulação, os capoeiras deixaram no Recife uma das mais legítimas danças populares brasileiras, que vem fazendo furor em todas as nossas capitais.

A fertilidade da capoeira se manifestou ainda no marabacho, uma diversão semi-religiosa do Amapá. É um cortejo em homenagem ao Espírito Santo e, quando o grupo chega diante da igreja, se divide em vários pares, constituídos por foliões ou assistentes provocados por estes, na disputa da capoeira. O jogo se generaliza.

Este marabacho, entretanto, está ainda mal estudado, de maneira que a referência a esta diversão se deve fazer sob reserva.

Menor do que a influência do angola foi a do negro do Congo. Notamos a sua presença nas congadas e nos maracatus – e essas duas diversões incluem, de um modo ou de outro, o cortejo do rei do Congo. As congadas foram assinaladas pelo menos desde o Ceará até o Rio Grande do Sul. Nem sempre os congos as realizam sozinhos: muitas vezes recorrem ao auxílio dos moçambiques. Este auto representaria um acontecimento histórico, a embaixada da rainha Ginga Bândi aos portugueses. Esse caráter de reivindicação da congada já está, porém, muito mascarado, muito diluído, e às vezes mesmo completamente esquecido, em conseqüência da fusão que em certos pontos se deu entre a embaixada e o cortejo do rei do Congo. Assim, já não se trata de uma luta do povo conguês contra os portugueses, mas de uma luta intertribal, da rainha Ginga contra o rei Cariongo, da rainha de Angola contra o rei do Congo. Pereira da Costa pôde, por exemplo, registrar a congada de Goiana (Pernambuco), em que a embaixada é de paz, e não de guerra. Das congadas que ainda se realizam em São Paulo, Minas Gerais e Rio Grande do Sul, pode-se dizer que são restos das congadas primitivas. E esta degradação deve ter sido grandemente estimulada pela inclusão, no folguedo, do cortejo dos reis do Congo. Sob a escravidão, a polícia criou o costume de eleger governadores e juízes de *nação*, responsáveis pelo bom comportamento dos escravos, e acima destes instituiu os reis do Congo, coroados em cerimônias de que partilhava a Igreja Católica. Era para levá-los à coroação na igreja que se organizavam esses préstitos. Instrumento de sujeição dos negros à sociedade oficial, essa festa modificou completamente o panorama das congadas, transformando-as, de reivindicação nacional, em simples diversão ao gosto dos escravocratas. Surpreende, entretanto, encontrar, quase na sua pureza primitiva, as congadas da Lapa.

Em muitos pontos do país a congada não vai além do cortejo dos reis do Congo. No Recife, esse cortejo chegou a atingir brilho excepcional; e, na Bahia, também se apresenta ainda em boa forma. Em ambas as cidades desapareceram as congadas e o cortejo do rei do Congo, tornando-se profano, se transmudou no maracatu pernambucano e no afoxé baiano. O maracatu exibe ainda o rei e a rainha, mas o afoxé, que ainda os tinha em começos do século XX, prescinde deles. A Dama-do-Paço do maracatu tem a sua réplica masculina no Babalotim do afoxé. A disposição de marcha é a mesma – grupos separados de homens e mulheres, as "baianas", a Dama-do-Paço ou o Babalotim, os reis (no caso do maracatu) e a orquestra. Até o grande guarda-chuva que cobre os reis, no Recife, existia outrora na Bahia, na forma de pálio. Fora destes dois pontos, porém, o cortejo dos reis do Congo nada apresenta de especial.

Podemos encontrar traços das congadas em outras diversões populares, especialmente o quilombo de Alagoas, que não parece uma criação espontânea do povo, na *laia* dos índios terenas e no bate-pau.

E neste ponto, ao falar do bate-pau, encontramos o negro moçambique. Uma afinidade qualquer sempre ligou moçambiques e congos: uns e outros sempre formaram os dois grupos adversos nas congadas; só recentemente os moçambiques se têm apresentado isoladamente, especialmente em Minas Gerais e São Paulo. Este jogo do bate-pau outrora fazia parte da congada, era como lutavam os dois partidos, depois da morte do príncipe Suena. É um jogo ritmado, em que os bastões se encontram três vezes, produzindo um ruído que se adapta bem à letra da canção:

> Nós encruza bastão,
> nós vira bastão,
> sinhô meu rimão.

O bate-pau chegou aos índios terenas, estudados por Kalervo Oberg. Esses índios formam duas filas e realizam manobras em círculos, de maneira que cada um dos participantes defronta um componente do outro círculo, com o qual troca bastonadas, uma vez em cima, duas vezes embaixo. Sem esta movimentação, o jogo tem as mesmas características em Minas e São Paulo. Com o nome de maculelê, o jogo existe ainda na Bahia, na região açucareira de Santo Amaro, como remanescente dos antigos cucumbis, com a circunstância de se ter transformado em combate singular.

Outros folguedos devidos ao negro, como o jongo, o caxambu e os catopês, estão ainda pouco estudados para permitir a sua sistematização.

Este rápido esboço do folclore do negro não estaria completo se não assinalássemos a presença e a influência do negro em quase todas as diversões populares brasileiras. Até mesmo nas cavalhadas, nos fandangos ou marujadas, nas cheganças – que são folguedos caracteristicamente brancos, importados diretamente de Portugal –, o negro participa, e muitas vezes, como no Norte, garante a sua sobrevivência. Os cabocolinhos, como sabemos, são um folguedo de negros, em Pernambuco e na Paraíba. Os ternos e ranchos de Reis do Nordeste estão nas suas mãos – o célebre Terno do Arigofe, da Bahia, era composto inteiramente de negros – e, em muitos lugares, o mesmo acontece com a folia-de-Reis. O bumba-meu-boi do Nordeste, da Bahia até Natal, é uma festa de negros. Nada mais natural do que essa participação, já que o negro, como parte do povo, tem vivo interesse no folclore.

Como sabem todos os etnólogos e todos os folcloristas, este fenômeno nunca se produz em vão. Participando ou promovendo esses folguedos, o negro lhes vai comunicando muito das suas maneiras de ser – graça, vivacidade, liberdade em relação à versalhada tradicional e à música, iniciativa –, em suma, sangue novo. E isto, que para os menos avisados pode parecer uma deturpação condenável, na realidade enriquece esses folguedos e lhes dá, cada vez mais, a nacionalidade brasileira. As modificações de forma e de conteúdo por que passa o folclore correspondem a modificações na composição social e nos motivos de interesse do povo e na estrutura econômica da sociedade. O folclore se adapta às novas condições do ambiente. E, como os animais e as plantas, se fortalece e reanima em conseqüência dessas adaptações.

Posso apontar um exemplo curioso. O rancho de Reis, sob o influxo do samba de roda trazido para o Rio de Janeiro pelos baianos, se fez um cortejo profano e hoje merece os aplausos dos cariocas sob nova roupagem – a escola de samba.

Onde está, portanto, a dificuldade do folclore do negro?

Vimos que, das tribos africanas chegadas ao Brasil, somente algumas delas – Angola, Congo e Moçambique – contribuíram para o folclore brasileiro; e que, por outro lado, o estudo comparativo desses povos pode ser feito com extrema facilidade, em vista da similitude de língua, de tradição histórica, de costumes e de *habitat* existentes entre eles na África. Isto exclui a parte realmente complicada e difícil dos costumes dos descendentes dos africanos, constituída pelas suas concepções religiosas, que deixaram no folclore nacional pequenos vestígios, em geral exteriores ao culto como tal. Notamos que as diversões populares que devemos ao negro podem ser contadas nos dedos das mãos, embora, à primeira vista, dada a multiplicidade de nomes que assumem, nos pareçam numerosas.

Se há dificuldade, esta reside no nosso desconhecimento do negro, das suas origens, das suas lutas, das suas vicissitudes, da sua condição atual. Um desconhecimento que não se compreende, já que o negro, com os seus descendentes de todas as cores, significa mais de um terço da população nacional. E, porque desconhecemos o negro, não empreendemos pesquisas em torno do folclore que nos legou. Não temos pesquisadores do negro. Não nos aproximamos, sequer, das margens do grande rio de alegria e de beleza que o escravo, com suor e sangue, fez surgir no cenário dos seus sofrimentos. Mas o rio corre – e um dia se misturará definitivamente a todas as águas que formam a nacionalidade brasileira. Se não o explorarmos, se não utilizarmos a sua energia, se não navegarmos em todo o seu curso, tanto pior para nós.

SENHOR DO BONFIM*

O programa oficial das comemorações do bicentenário do Senhor do Bonfim reduziu o povo da Bahia à situação de simples espectador nos festejos do padroeiro da cidade. Houve somente retretas no Largo da Penha e no Adro do Bonfim, com fogos de artifício. O povo foi chamado a participar das comemorações exclusivamente nas procissões de ida e volta da imagem, entre o Bonfim e a Penha.

A ocasião era, entretanto, excepcional para a realização de festas populares que tornassem inesquecível o dia 18 de abril de 1945.

Poder-se-ia preparar uma chegança na Ribeira. Os negros da cidade, tocando os seus atabaques, invocariam os seus orixás no Largo do Papagaio, como o faziam outrora. Os negros mais idosos ressuscitariam o festival africano das máscaras nos Dendezeiros. Em qualquer parte da península de Itapagipe voltariam ao tablado os bailes pastoris. Do Mercado Modelo partiria a grande e colorida expedição popular para a lavagem da igreja. Ternos e ranchos de Reis sairiam à rua, a disputar prêmios nos palanques da Penha e do Bonfim. Organizar-se-iam *rodas* de samba e de capoeira. Desfilariam batucadas pela Ribeira. Tendinhas de sarapatel, mocotó, caruru e vatapá coalhariam o Adro do Bonfim e o Largo da Penha. O

---

* Ver nota de Raul Lody no final do livro.

pequeno Carnaval da Segunda-Feira do Bonfim voltaria a animar a velha cidade...

Esta é a tradição popular das festas do Bonfim – uma tradição que data de pouco depois do término da guerra do Paraguai, segundo Manuel Querino –, desconhecida pelo programa oficial das comemorações.

O povo da Bahia foi vítima, assim, de clamorosa injustiça. Como destinar-lhe, no bicentenário do Senhor do Bonfim, papel tão inexpressivo? Somente a sua participação ativa satisfaria a verdade histórica, tradicional e religiosa da Bahia.

A PERNADA CARIOCA*

Há uma notável semelhança entre o batuque da Bahia e o batuque do Rio de Janeiro, mas essa luta de atenção, de golpes rápidos e eficazes, não conseguiu, na Bahia, ultrapassar um pequeno círculo de iniciados, enquanto, no Rio de Janeiro, a despeito da violenta repressão policial, praticamente se tornou o meio de defesa e de ataque das camadas populares.

No carnaval de 1949 e de 1950, toda a cidade cantou, ao som de surdos, pandeiros e tamborins, uma melodia com certo ar de samba de morro,

> Chegou o general da banda ê ê
> Chegou o general da banda ê á

que é apenas um curioso refrão de batuque. O *general* não é outro senão Ogum, o deus do ferro dos nagôs, que no Rio de Janeiro é São Jorge e na Bahia é Santo Antônio. Tudo indica que *banda*, nessa canção, deve ser aférese de *Umbanda*, nome de um conjunto de práticas religiosas de origem negra no Rio de Janeiro, ou um dos golpes do batuque, o mais comum, a *banda*, quando o atacante

---
* Ver nota de Raul Lody no final do livro.

tenta arredar do chão uma das pernas do adversário, para fazê-lo cair. Outro refrão, já popularizado em disco, anuncia:

> O facão bateu em baixo,
> a bananeira caiu...

O batuque, também chamado *pernada*, é mesmo, essencialmente, uma diversão dos antigos africanos, com especialidade dos procedentes de Angola. Onde há capoeira, brinquedo e luta de Angola, há batuque, que parece uma forma subsidiária da capoeira. Ora, os capoeiras foram famosos no Rio de Janeiro, desde o tempo dos vice-reis, e o Código Penal de 1890 ainda considerava crime, punível com dois a seis meses de prisão, e o dobro em caso de reincidência, a capoeiragem.

Se a capoeira exige uma orquestra típica, extrema agilidade de corpo, saltos e contorções, o batuque exige apenas atenção e vigor de movimento nas pernas. Daí o nome de *pernada*. Uma roda de batuque se forma com qualquer número de pessoas, que podem acompanhar as canções de desafio batendo palmas. Um dos batuqueiros ocupa o centro da roda e convida um dos assistentes a competir. O convidado *se planta* – junta as pernas, firmemente, desde as virilhas até os calcanhares, com os pés formando um V. O batuqueiro começa então a estudar o adversário, circulando em torno dele, à espera de um momento de descuido ou em busca de um ponto fraco por onde o *catucar*. O bom batuqueiro jamais ataca pelas costas – e o lícito, no jogo, é *largar a perna* de frente ou de lado. Por sua vez, o convidado não vira o corpo para trás – entre outras razões porque ficaria indefeso contra a *pernada* –, embora, naturalmente, esteja atento a todos os movimentos do atacante. Habitualmente, o convidado não se agüenta nas pernas e vai ao chão. Nesse caso, o batuqueiro convida outra pessoa da roda. Se, entretanto, não o derrubar, os papéis se invertem – e é o batuqueiro quem *se planta* para o convidado. Enquanto se mantém firme, e invicto,

> Mourão! Mourão!
> Vara madura que não cai!

o batuqueiro ocupa o centro da roda e vai chamando os assistentes:

> Se você é home
> eu também sô
> Se você dá pernada
> eu também dô.

O desafio toma, assim, um caráter de competição de força e de destreza, que seleciona os melhores entre os mais ágeis, os mais atentos, os mais seguros no golpe – e nas pernas.

À medida que os contendores disputam, toda a roda, cantando, os incita e estimula. O coro pode ser uma reunião de sílabas sem sentido – lá-lá-lá, lá-lá-lá-ê – ou indica a animação dos assistentes:

> Pau rolô, caiu
> Lá na mata ninguém viu...

– neste ou em outros versos, improvisados na ocasião. Umas vezes o solo é um apelo direto aos figurantes, para que a diversão deixe de ser uma competição desinteressada e se transforme numa luta real,

> Jog'a perna pra valê!

e outras vezes exprime o desejo de todos de ver a *pernada* assumir esse caráter:

> Quero vê o pau roncá...
> Perna pra cá! Perna pra lá!

Na verdade, o incitamento é desnecessário, porque, em roda de batuque, o atacante sempre quer derrubar o adversário. Se não o consegue, está sujeito a uma vaia dos assistentes, de intensidade proporcional à rijeza de pernas ou ao descuido, intencional ou não, do companheiro. A pessoa que *se plantou* para sustentar o golpe, quando cai, muitas vezes desaparece das vizinhanças, sob a galhofa geral, mas esporadicamente surge um ou outro que não se conforma com a derrota e, desrespeitando as regras do jogo, vai buscar a sua desforra. Então começa o distúrbio.

Em toda parte, no Rio de Janeiro, este é o tipo de luta mais comum, entre a gente do povo. Menos complicada do que a capoeira, mais fácil de usar para a defesa e para o ataque, a *pernada* se elevou à situação de forra regional de combate individual. Não é difícil ouvir-se, em qualquer canto da cidade, a frase de desafio: "Já tenho visto coqueiro alto cair..."

O batuque, forma auxiliar, suplantou a capoeira.

OS PÁSSAROS DE BELÉM*

Em 1954, quatro *pássaros* chegaram aos palcos populares de Belém – o Tentém, o Coati, o Rouxinol e o Periquito. O concurso patrocinado pela Prefeitura deu o primeiro lugar ao Tentém, o segundo ao Coati. O Rouxinol, três vezes campeão de Belém, não concorreu.

Embora se chamem *pássaros*, estes grupos de teatro dramático-burlesco popular – como se vê pelo exemplo do Coati, um dos mais queridos – nem sempre recrutam os seus patronos entre as aves. Há notícia de *pássaros* como o Piracuru Encantado, o Caititu, o Guariba, o Javali... No interior do Pará, estes grupos são chamados, com mais propriedade, *bichos*, uma designação que eventualmente ocorre em Belém.

Os *pássaros* fazem o seu aparecimento em Belém na véspera do São João e exibem-se em cinemas, teatrinhos, circos ou nos *parques* cedidos pela Prefeitura, nos diversos bairros da cidade, para os espetáculos do boi-bumbá. Assisti às últimas apresentações dos *pássaros* – o Tentém no cinema Guanabara em Icoraci, o Coati no circo-teatro Íris em Humaitá e o Rouxinol no *curral* do boi Onze Bandeirinhas, tricampeão da cidade, no bairro do Guamá.

* * *

---
* Ver nota de Raul Lody no final do livro.

O *pássaro* constitui um espetáculo muito singular – uma estranha mistura de novela de rádio, burleta e teatro de revista, a que não falta certa cor local. Há um drama, um dramalhão descabelado, com fidalgos vestidos à moda do século XVI ou XVII, mas, para suavizá-lo, o *pássaro* inclui cenas jocosas de matutos, *sketches* que nada têm a ver com o enredo e uma dança de belas jovens de 15 a 17 anos, seminuas, a tremelicar provocadoramente os seios e as ancas, a que se chama o *ballet*. Parte essencial da representação, uma espécie de justificativa do apelido do grupo, é a cena em que um caçador furtivo tenta matar, a tiro, o Tentém ou o Coati, que ora é o bicho de estimação da sua prometida, ora é um príncipe encantado, e que a boa Fada finalmente ressuscita. Uma criança encarna o animal – trazendo-o, vivo, numa gaiola à cabeça, quando ave, ou preso ao peito – e representa por ele.

* * *

Cada ano os *pássaros* apresentam uma peça nova, escrita de encomenda e paga ao autor na média de mil cruzeiros. Outra pessoa, também paga, escreve a música ou adapta músicas à peça.

Tentarei resumir o enredo dos dramas do ano.

TENTÉM – O sr. duque opõe-se terminantemente ao casamento da filha com um plebeu. Este recorre à Feiticeira, que faz pajelança contra o fidalgo. Ao surpreender a filha em colóquio com o namorado, o sr. duque bate-se com ele a espada. Durante o duelo, o caçador desarma o duque, mas, num gesto cavalheiresco, entrega-lhe novamente a espada. Num golpe infeliz, o duque atinge e mata a filha. Há um coro de lamentações. A boa Fada, a pedido da Selvagem Branca, liberta o namorado das suas angústias e dos índios que o deixam moído de pancada, ao encontrá-lo desorientado na floresta. A desgraça cai sobre a família fidalga. O duque enlouquece, a duquesa transforma-se em mendiga. Novamente intervém a Fada – e o duque e a duquesa se reconciliam e o nobre dá a Selvagem Branca, que reconhece afinal como a filha que perdera anos antes, em casamento ao caçador.

COATI – Estamos numa ilha encantada. A filha do sr. marquês namora com Danilo, príncipe encantado que se apresenta como plebeu. O fidalgo a proíbe de alimentar esse amor e a garota recua um passo e pergunta, com altivez: "Quer dizer que o coração não tem o direito de gozar os benefícios da democracia?" Danilo desaparece para surgir como Walter, nobre cheio de conceitos – "O homem tem a supremacia, a mulher a preferência"; "O homem é a águia que voa, a mulher o rouxinol que canta"... Com este ardil, o príncipe Danilo, "rei dos mistérios da ilha", experimenta a fidelidade de Magnólia. Intervêm a Fada e a Feiticeira, esta com a inevitável pajelança. E, finalmente, arrancando o bigode e o cavanhaque, Danilo revela a sua dupla identidade e se desencanta de vez – como um vilão, com a gargalhada típica e tudo – sob o império mágico da varinha de condão da Fada.

ROUXINOL – O drama envolve a família Bamar. O marquês de Bamar chefia uma expedição na floresta, em busca do tesouro do pirata, a despeito da advertência da Fada, de que a aventura redundaria em morte. Com efeito, aparecem índios – índios tupinaés – que deixam ferido o fidalgo e lhe raptam o filho menor. Passam os anos. Os índios, no intervalo, treinam Miguel, filho do marquês, que cresce como um índio, Guaraci. O filho mais moço do marquês, Vítor, namora uma plebéia, Odinaíra, que, surpreendida pelos pais do namorado ("é melhor *flagrá-los*", diz o marquês) e escorraçada por estes, se revolta contra a nobreza da "laia" dos Bamar e amaldiçoa toda a família, exceto Vítor, revelando-se uma feiticeira sem par: o marquês matará o filho, a marquesa apaixonar-se-á pelo filho, a marquesinha, Vera, namorará o irmão... Diante, disto, Vítor exclama: "Será possível que tenham desaparecido os últimos resquícios de pudor na descendente de Eva?" A despeito dos esforços da boa Fada, a profecia se cumpre. Guaraci (Miguel) namora a irmã, Vera, desprezando a índia Irecê, que lhe fora prometida pelo morubixaba. A marquesa, Semíramis, surpreende Guaraci e Vera e se toma de paixão pelo rapaz, mas Guaraci repele todas as suas instâncias e lhe exprobra o procedimento, lembrando-lhe os deveres de mulher casada. O irmão, Vítor, tenta fazer galanteios a Irecê, mas Guaraci aparece e o expulsa do bosque. Desprezada, Semíramis prepara uma cilada para Guaraci. O marquês o alveja e, quando vai liquidá-lo a faca, nota a medalha que o jovem traz ao pescoço e reconhece em Guaraci o filho que perdera durante a expedição à procura do tesouro do pirata. Vera, que chega nesse momento, acusa a mãe, inocentando Guaraci. O marquês se mata, Semíramis enlouquece. E Vítor, desvairado, sai de cena atrás da Feiticeira, que veio, triunfante, contemplar a sua obra, a suplicar: "Odinaíra! Odinaíra!"

A platéia às vezes aplaude, às vezes escuta com indiferença, outras vezes ri às gargalhadas, fazendo pilhérias com os atores.

* * *

Infinitamente mais apreciadas do que o drama são as cenas de matutos que servem de entreato no desenrolar do enredo dos *pássaros*, com que guardam certa relação remota. Os comediantes são bem conhecidos do público, pois são artistas profissionais em todo tipo de diversão popular no Pará, como Biriba, que encarnava o papel de Chuvisco, um endiabrado garoto de cueiros e chupeta do Coati; Pulico e Pechinchim, do Tentém, e Casquinho, do Rouxinol. Este *pássaro* anunciava, como apoteose, "O casamento de Sansão com Dalila", mas não foi possível apresentar o ato, porque "a noiva de Sansão fugiu". O episódio foi substituído por um *sketch* de autoria do cômico Casquinho, que podia perfeitamente fazer rir a uma platéia carioca.

Os matutos do Coati – Chuvisco (Biriba), Plagiano com a sua filha Doquinha, namorada de Cornélio, e o Cabo Véio ou Cabo Zé Lapada – faziam comicidade fácil em torno de uma caneta (de Cornélio) e um tinteiro (de Doquinha). Era mais ou menos o mesmo o assunto que provocava hilaridade na representação do Tentém. E, quanto ao Rouxinol – que acrescentava aos matutos um negro comprido e magricela, o Picolé de Açaí, recebido em cena sob gostosas gargalhadas –, explorava uma cena de namoro entre adolescentes do interior, de que basta citar o seguinte exemplo cantado:

> O beijo só dá sapinho
> É uma coisa sem paladar
> O que eu pedi pra ela
> ela correu – e não quis me dar...

Os matutos adulteram a língua portuguesa à maneira das representações teatrais do gênero, mas acrescentam-lhe cor local, pronunciando a letra *o* como o fazem os caboclos paraenses – *escula, desafuro, puço*...

A apresentação dos cômicos encerra-se com cançonetas típicas de teatro de revista – maliciosas, apimentadas, com gestos bem eloqüentes para os mais tardos de compreensão, em que todos os figurantes cantam e dançam.

* * *

Não há ambientes interiores. Todas as cenas ocorrem ao ar livre, e muito freqüentemente na floresta. E, embora a floresta seja apenas o pano de fundo, está povoada de índios – uma maloca em movimento.

Os índios são caricatos, do tipo convencional, com uma peculiaridade apenas – longos, imensos cocares, que se elevam por mais de meio metro, como uma coroa de penas. Vêm sempre em formação, a dois ou a quatro de fundo, saltitando, sem jamais descansar ambos os pés no chão, e a todo momento põem o ouvido em terra. Alguns trazem machados de pedra, a maioria distende arcos. São geralmente moças, o rosto, os braços e as pernas pintados com manchas brancas, mas no Rouxinol havia um índio, o do centro do grupo, que estadeava um avantajado cavanhaque preto.

Os índios cantam em língua especial e, nas poucas vezes que palestram com os brancos, a quem chamam *caríua*, falam um português a que faltam artigos, preposições e flexões.

A atuação desses índios nos *pássaros* é fugaz, quase sempre a fim de impedir a penetração dos brancos nas matas. A riqueza das vestimentas, entretanto, constitui motivo de orgulho para os organizadores da representação. Como pode prescindir da maloca de índios um *pássaro* que se preze?

* * *

Nem será possível prescindir do balé.
As mocinhas que o integram são a atração do *pássaro*. Há qualquer coisa de cabaré da Lapa, de teatro de revista da Praça Tiradentes e das Folies Bergère de Paris nas meias de malha preta, nos chapéus de abas largas, nos biquínis e nas luvas de canhão alto com que estas bonitas jovens chegam ao palco e, ao som de música excitante, requebram o corpo, de frente e de costas para a platéia, sob aplausos, assobios lascivos, gestos e ditos obscenos, pedidos de bis. Uma delas faz de estrela – Solangi no Coati, Mirtes no Rouxinol – e, naturalmente, está obrigada a remexer ancas e seios mais compenetradamente do que as outras. São todas moças que não têm mais do que a malícia própria da sua adolescência em flor – e muitas vezes são parentas bem próximas dos *donos* da representação, como acontece no Rouxinol.

Como as cenas cômicas, o balé é um entreato, mas não tem qualquer relação com o enredo do *pássaro*. Para dar lugar ao balé, um dos figurantes do drama do Rouxinol, Vítor, levanta os olhos para o céu, abre os braços e exclama: "Meu Deus! *Permiteis* que venha o nosso Corpo de Baile..."

* * *

Um *pássaro* custa 30 a 40 contos aos seus organizadores – ou *donos*, como se diz em Belém. E, enquanto dura a estação, todos os dias há uma despesa fixa de dois contos – 1500 cruzeiros para a orquestra (sete figuras no mínimo) e 500 cruzeiros para o ônibus que transporta a companhia, por exigência da polícia, a fim de evitar choques com os desafetos. Em média, o cachê oscila entre 30 e 40 cruzeiros, mas os artistas de mais público, disputados pelos *pássaros*, chegam a perceber 150 cruzeiros por dia; há outros brincantes remunerados com a diária de 80, 100 ou 120 cruzeiros; os índios recebem apenas 20 cruzeiros... Ora, o elenco do Coati, por exemplo, somava 36 pessoas, o que permite um cálculo aproximado da folha de cada dia.

O *pássaro* representa cada dia num local – e as entradas variam entre 8 e 12 cruzeiros para adultos. A assistência, das mais heterogêneas, tanto em idade como em condição social, sente-se poderosamente atraída pelo espetáculo. Chovera pouco antes da representação do Coati e o circo da Rua Humaitá estava inundado, cheio de poças d'água, mas lotado. Ao terminar a função, um dos atores chegou ao palco e anunciou que o Coati ia repetir a peça, em homenagem a certas pessoas que haviam chegado tarde. Os espectadores, que já se movimentavam para a saída, voltaram imediatamente aos seus lugares.

À última representação do ano – uma carinhosa festa de despedida – dá-se o nome de *a fugida do pássaro*.

ELEMENTOS NOVOS NO FOLCLORE CARIOCA*

Nestes anos difíceis, o êxodo das populações para a capital está transformando o panorama folclórico carioca. Os *passistas* pernambucanos, organizados em clubes que levam os nomes tradicionais do frevo no Recife, *Pás Douradas*, *Lenhadores*, há anos invadem as ruas, no carnaval, suscitando o entusiasmo popular. Num ou noutro ponto do subúrbio, aparece o boi. Já se fala até em jongo e cateretê...

Tem sido enorme, com efeito, a afluência de brasileiros de todos os cantos do país ao Distrito Federal. Uns vieram trazidos pela guerra, outros pela miragem de melhores condições de vida, e ainda outros pelas calamidades naturais, como os flagelados pela seca no Nordeste. Muitos regressam, desiludidos, de navio, de trem, de pau-de-arara. A maioria fica, obstinada, cabeçuda, tentando sobreviver. E às vezes os recém-chegados se entendem de tal maneira que formam verdadeiras comunidades regionais, como os paraibanos, que monopolizam os empregos em toda a indústria de construção civil. Segundo o censo de 1950, o total de naturais de outras Unidades da Federação presentes no Distrito Federal elevava-se a 942.812 pessoas, de que destacaremos 350.324 fluminenses, 191.917 mineiros e 44.936 baianos.

---

* Ver nota de Raul Lody no final do livro.

Seria desnecessário insistir em que estes nacionais, empreendendo a viagem para a Guanabara, não trouxeram consigo apenas os tarecos, os filhos pequenos, a força de trabalho que não tinha emprego nas suas terras de origem. Trouxeram hábitos, crenças, modos de falar, folguedos. E daí que agora estejamos a assistir à apresentação de elementos folclóricos antes completamente desconhecidos no Distrito Federal ou a reabilitação de outros, que daqui foram banidos em passado não muito remoto.

Talvez seja este o aspecto mais notável do quadro folclórico atual da capital da República – e não só pelo aparecimento de diversões estranhas à paisagem carioca, mas também pela aceitação que encontram no seio da sua população, a mais heterogênea do país sob o ângulo da naturalidade. Os pontos mais altos desse processo estão na folia-de-Reis e no frevo e, em grau menor, na capoeira e no afoxé.

Da folia-de-Reis se pode dizer que era conhecida somente nos Estados limítrofes – Minas Gerais, São Paulo, Rio de Janeiro. Existe, também, no Espírito Santo e no Paraná. Os pontos mais avançados das "companias" estavam em Nilópolis e Nova Iguaçu, mas há poucos anos já eram notadas também em Caxias. Atualmente, há folias organizadas e atuantes em todos os pontos do Distrito Federal – em Irajá, no Salgueiro, no Jacarezinho, no Leme, no Leblon, na Gávea... Os foliões procedem de Minas Gerais e do Estado do Rio e quase todos eram, na terra natal, trabalhadores do campo. Nessa viagem para o Rio de Janeiro, a folia sofreu uma ligeira modificação – o período de peregrinação, que ia da noite de Natal ao dia de Reis, se estendeu até o dia de São Sebastião, 20 de janeiro. Tão recente é esta modificação que alguns "mestres" de folia confessam, humildemente, o seu embaraço, por não estar o padroeiro da capital citado no Novo Testamento... As folias adquiriram mais vigor, com a sua chegada à orla metropolitana e, finalmente, ao perímetro urbano. Algumas delas são hoje mais numerosas do que a simples dúzia de foliões com que são conhecidas no interior; todos os figurantes têm uniformes a que, uns mais, outros menos, se pode aplicar o qualificativo de militares, e não andrajos; e se, antes, apenas corriam o bairro, no máximo, agora cruzam todo o Distrito Federal, de um extremo a outro, e atravessam a baía, até Niterói, para encantar a população com a música dos seus instrumentos, os versos dos seus cantos bíblicos e a galhofa dos seus palhaços.

A capoeira de Angola está de regresso ao Rio de Janeiro, mas com outro caráter – como simples jogo de destreza. Os "moleques de Sinhá" deram muito que fazer à polícia, desde que a capital brasileira passou da Bahia para cá. Feijó, o dr. Sampaio Ferraz e os republicanos que elaboraram o Código Penal de 1890 estabeleceram penas corporais e de desterro para os capoeiras. O pior dos seus inimigos foi, entretanto, o major Vidigal, chefe de polícia nos começos do século XIX, um diabo de homem que parecia estar em toda parte com os seus granadeiros armados de chicote:

> Avistei o Vidigal,
> caí no lodo
> Se não sou ligeiro,
> sujava-me todo.

Mais de meio século depois, a capoeira retorna ao teatro das façanhas de Manduca da Praia. Trazida pelos baianos, porém, a capoeira nada tem de agressiva, nem constitui ameaça à ordem pública. É a luta leal, a diversão entre amigos, em que sobressaíram, nos anos anteriores à guerra, o pescador Samuel Querido de Deus e o estivador Maré, da Bahia. O jogo exige uma roda de assistentes, uma orquestra de berimbaus e pandeiro, canções próprias:

> Como tá? Como tá?
> Como tá? Como passô?
>   – Camunzerê!
> Como tá o sinhô?
> Como tá a sinhá?

Moram no Distrito Federal vários capoeiras da Bahia – quase todos homens do porto ou do mar, conhecidos por nomes de guerra como Velhinho, Comprido, Gato Preto, Cobrinha Verde, Martinez Júnior... O velho Henrique Pequeno, que foi mestre de muitos deles, fabrica berimbaus, instrumento indispensável ao jogo. O animador da capoeira é o velho marítimo Antenor dos Santos, mineiro, ex-presidente da Escola de Samba Portela, mas o chefe do grupo – se se pode falar em chefe tratando-se de capoeira, e ainda mais com um grupo tão fluido como este, que dificilmente se encontra reunido duas vezes com os mesmos componentes – é Joel Lourenço do Espírito Santo, seu genro, funcionário municipal, que, ágil e manhoso como um gato, encarna bem o tipo do Angola famoso nas crônicas da capoeira.

> Quebra,
> jereba!
> Tu quebra amanhã,
> adespois já não quebra

Este grupo de capoeiras exibe-se regularmente em festas da Escola de Samba Portela – e o número de capoeiras disponível para a *vadiação* tem tido um crescimento razoável.

Além deste jogo, os baianos vindos para o Distrito Federal trouxeram um cortejo – o afoxé, o maracatu da Bahia. Elementos que participaram, na Cidade do Salvador, do afoxé Filhos de Gandhi – Bráulio Bonfim, Milton Pinto e Alberto Pontes –, organizaram aqui um afoxé com o mesmo nome, que vem desfilando pela cidade no carnaval, a partir de 1952. Como os da Bahia, este canta na rua cânticos de candomblé, não os "fortes", mas os que se podem cantar sem insulto aos orixás, inclusive os dois cânticos tradicionais nesses cortejos,

> Alá
> Alá ô
> Alá

> Afoxé l'ôni
> É afoxé
> Afoxé l'ôni ô

ao som de 14 atabaques pequenos (7 do tipo rum, 7 do tipo contra-rum), 6 cabaças e 8 agogôs. Estruturalmente, porém, não guardou fidelidade ao modelo da Bahia, faltando-lhe um figurante indispensável, o Babolotim ou Babolotinho, versão masculina da Dama-do-Paço do maracatu, e as "baianas" que abrem a marcha dos afoxés. São cerca de 60 homens vestidos de branco, a cabeça protegida por turbantes, que desfilam dançando em passo ritual, na cadência dos cânticos religiosos africanos,

> Babá okê
> Okê já
> Okê já
> Sodô

tendo ao centro o porta-estandarte e à frente a sua ruidosa orquestra, numa remota reprodução da pompa com que iam coroar-se os reis do Congo.

Não é possível prever, no momento, a repercussão que esses elementos novos poderão ter no conjunto do populário carioca. Uma coisa é certa, porém, desde já – a população do Distrito Federal os acolhe de braços abertos, proporcionando-lhes condições especiais de desenvolvimento e de difusão. E, quando mais não seja, esta aceitação tolerante, curiosa e benévola obriga o pesquisador a travar conhecimento com diversões e costumes de outras terras que procuram fazer-se lugar em solo metropolitano.

ESCOLAS DE SAMBA – I*

Chama-se *escola de samba*, atualmente, uma associação popular que tem por objetivo principal a sua participação, como conjunto, no carnaval carioca. Outrora, era o ponto do subúrbio ou do morro – como o Terreiro Grande do Salgueiro – onde os seus habitantes se reuniam para suavizar, com música, as durezas da vida.

O nome de *escola* decorre não somente da popularidade das vozes de comando dos tiros de guerra, como da circunstância de se *aprender* a cantar e a dançar o samba. Esta última palavra, corruptela de *semba*, a umbigada com que se transmite a vez de dançar no samba de roda – o *batuque* angolense conhecido em Pernambuco, em São Paulo e especialmente na Bahia –, passou a designar a música urbana herdeira do lundu e da modinha, impregnada dos ritmos fundamentais africanos. Com efeito, durante muitos anos, as canções das escolas compunham-se apenas de um estribilho ou refrão, sobre o qual se improvisava (*versava*), enquanto o solista, exercitando a sua iniciativa, sapateava, deslizava ou rodopiava, sambando. O grupo constituía-se, deste modo, numa *escola* de samba. Com a experiência de cerca de trinta anos, as escolas maiores começam a apelidar os seus componentes de *acadêmicos* e *normalistas* do samba.

---

* Ver nota de Raul Lody no final do livro.

* * *

O berço da escola de samba foi o Largo do Estácio e a sua primeira apresentação em público se fez na antiga Praça Onze, nos anos 20 do século XX. Era o resultado inesperado, mas feliz, da fusão de três elementos distintos – a música popular, urbana, entre brejeira e lamentosa, que então começava a assumir características locais; o samba de roda, trazido por emigrados da Bahia, e os ranchos de Reis. Estes elementos são ainda agora identificáveis, quase na sua forma original.

Foi a música, não folclórica, que mais se modificou. O samba, sob a influência do rádio e das melodias estrangeiras, submeteu-se à moda – acentuou os seus tons melancólicos em detrimento da garrulice de outrora, da crítica bem-humorada que encontra um bom exemplo no samba com que o Salgueiro registrou a instituição do imposto sobre os solteiros, e fez um retorno à modinha e aos gêneros anteriores, com a *segunda*, o solo obrigatório. Os temas permaneceram individuais, e não coletivos. O samba do morro ter-se-ia transformado completamente, aceitando as exigências da hora, se não fosse o "enredo" que as escolas apresentam no carnaval, se as escolas não realizassem, ocasionalmente, o *partido-alto*, o samba cantado e dançado à maneira antiga. Somente a orquestra manteve-se fiel às origens – embora os instrumentos tenham variado, são todos de percussão (*bateria*).

O samba de roda conhecido na Bahia contribuiu com o passo distintivo do samba. Espécie de baile ao ar livre, de que todo mundo pode participar, se convidado por uma umbigada, o dançarino requebra e saracoteia sozinho, enquanto os demais se incumbem do canto (uma frase de coro, uma frase de solo) e da música (faca e prato, chocalho, pandeiro). Os passos do samba perderam o nome no Distrito Federal; em vez de uma única pessoa dançar, habitualmente dançam, em separado, um homem e uma mulher, que passam a vez a pessoas do mesmo sexo; o convite à dança já não é exatamente a umbigada, mas o dançarino continua a executar uma verdadeira reverência, sambando, *dizendo no pé*, diante da pessoa escolhida, até tocar perna com perna... A ginga de marcha da escola condensa, não apenas os meneios do samba de roda, mas também de outros cortejos populares, reis do Congo, ranchos de Reis e do carnaval.

Os ranchos de Reis são os responsáveis pela configuração da escola em marcha. As escolas carregavam, outrora, nos desfiles de carnaval, figuras de animais, agora substituídas por alegorias. O baliza, sempre a cortejar a porta-bandeira em mesuras de extrema delicadeza, gesticulando com o lenço, o leque ou a espada, mudou apenas de nome, ao passar dos ranchos, onde se chama *mestre-sala*, para as escolas. Os ranchos tradicionais – aqueles que comemoram o nascimento de Cristo e a jornada dos Magos, e não os que desfilam na segunda-feira do carnaval, que são resultado de uma evolução diferente, perderam, na escola de samba, o móvel religioso, para dar o cortejo profano de Momo.

A escola de samba, síntese desses elementos populares, constituir-se-ia a maravilha do carnaval carioca.

* * *

Nascida no Largo do Estácio, a novidade espalhou-se logo a vários subúrbios, e especialmente aos morros, transbordando em seguida para as zonas compreendidas na área metropolitana do Distrito Federal. A Estação Primeira, do morro da Mangueira, e a Azul e Branco, do morro do Salgueiro, assistiram ao nascimento de escolas como Paz e Amor, Portela e tantas outras. A primazia do Estácio ficou, entretanto, assegurada nos fastos do samba:

> A primeira escola de samba
> foi no Estácio de Sá...

Todas essas escolas, durante o carnaval, costumavam "descer o morro" a fim de realizar evoluções na Praça Onze, cantando sambas alusivos a acontecimentos nacionais ou locais, no domingo e na terça-feira gorda. Os grupos tinham, naturalmente, no começo, uma unidade precária – as mulheres preferiam fantasiar-se de baiana, os homens trajavam pijamas de listas, macacões ou camisas de malandro, o chapéu de palha caído sobre um dos olhos, sem ordem nem lei... Todo mundo cabia dentro da *corda* – uma lembrança dos ranchos de Reis, ainda subsistente. Portela, por exemplo, chamava-se nos primeiros anos Vai Como Pode, tal a heterogeneidade dos seus elementos, e parece significativa a existência de escolas como Vai Se Quiser e Depois Eu Digo. Era na Praça Onze que as escolas resolviam as suas divergências, a faca, a pau, a pernada, a pandeiro de tarraxa... Ficou célebre, pela sua contumácia nesse tipo de violência, a Faz Vergonha de Vila Isabel. A concessão de prêmios, na Praça Onze, por juízes venais, estimulava essa rivalidade. Com as "uniões" de escolas e, a partir de 1952, em grande parte devido aos esforços da Associação Geral, os grupos tornaram-se mais orgânicos e mais representativos e foi possível transformar a antiga hostilidade em emulação saudável e esportiva.

Assim, em trinta anos, as escolas de samba criaram uma tradição, disciplinada, por elas mesmas, no regulamento dos Concursos (Campeonato e Supercampeonato) da PDF.

* * *

Embora os seus sócios, às vezes, se contem por algumas centenas, a escola de samba tem vida associativa precária, exceto nos meses que antecedem o carnaval. Sempre foi assim, mas atualmente certas escolas, através de feijoadas, bailes, comemorações, escolha de rainhas, etc., estão tentando fazer da antiga associação carnavalesca um clube, uma sociedade de todo o ano.

Uma oligarquia de tipo especial, que a elas se impôs desde o começo, desde os tempos de pancadaria na Praça Onze, dirige as escolas – os mais dedicados ao samba, entre aqueles que podem sustentar financeiramente a escola, seja com o seu dinheiro, seja com a sua atividade no consegui-lo, detêm os postos de comando. Com as antigas "uniões", as escolas registraram-se como sociedades civis e, em conseqüência, passaram a realizar eleições para a renovação periódica da diretoria. Tão grande continua a ser, entretanto, o prestígio desses velhos sustentáculos do samba que as eleições não têm conseguido mais do que revezá-los no comando. A permanência dos antigos, em contraste com a presença ocasional dos outros sócios, justifica, facilmente, a sua reeleição.

Não obstante os postos-chave estarem assim ocupados, os sócios da escola gozam de grande liberdade na organização de festas e no uso das instalações da sociedade. Os elementos mais jovens congregam-se em "alas" – uma subassociação voluntária de amigos ou companheiros, com certa autonomia dentro da escola. Portela tem, entre outras, as "alas" dos Nobres, dos Impossíveis, dos Diplomatas; a Acadêmicos do Salgueiro, as "alas" dos Lordes, dos Magnatas, dos Milionários, dos Barões... A diretoria depende muito destas "alas", a quem comunica as suas decisões, pois de outra maneira ser-lhe-ia difícil atingir a totalidade – ou pelo menos a maioria – dos sócios. Cada "ala" incumbe-se de determinada parte do cortejo, no carnaval, e desfila como uma unidade orgânica. Os compositores, geralmente, formam uma "ala" especial.

Além dos elementos formais de toda diretoria, elege a escola uma diretoria, encarregada de dirigir as evoluções das "pastoras", um diretor de bateria, que comanda a orquestra, e um diretor de harmonia, responsável pela boa coordenação entre o canto e a música. Os compositores Xangô, da Mangueira, e Alvaiade, da Portela, têm preenchido este último cargo.

A escola de samba, como associação civil, está ainda em pleno processo evolutivo. Do grupo antigo, sem coesão nem permanência, passou a sociedade civil, ainda mais ou menos oligárquica – os "grêmios recreativos" atuais. No entanto, a recente experiência federativa, estabilizando-a e prestigiando-a, está permitindo uma expansão do espírito associativo que certamente fará da escola de samba a mais importante das organizações populares nacionais.

* * *

Ao desfilar na Praça Onze (Campeonato) ou no tablado da Av. Presidente Vargas (Supercampeonato), a escola de samba representa uma idéia ou um acontecimento em marcha – o "enredo". Todos os detalhes, das fantasias às alegorias, do samba que se canta à disposição dos figurantes, enquadram-se no "enredo" e dele dependem. Somente por esta circunstância o cortejo, como tal, se diferencia dos ranchos de Reis. O "enredo" constitui uma surpresa para muitos dos elementos da escola, pois a diretoria o mantém em rigoroso sigilo até o carnaval: o inesperado da apresentação muitas vezes decide do triunfo.

Logo atrás do "abre-alas", faixa ou tabuleta com que a escola "saúda o povo e pede passagem", vêm a diretoria, todos os seus membros trajados do mesmo modo; as "pastoras", fazendo as evoluções da marcha dos ginastas, a duas e a quatro de fundo; a "academia", o coro masculino, e a bateria. Em determinados pontos do cortejo, rolam as "carretas" alegóricas. Entre as "pastoras" e a "academia", o baliza e a porta-bandeira – às vezes há dois pares, convenientemente separados, nas escolas maiores – destacam-se do conjunto. E, ao longo do grupo em marcha, ou em pontos especiais dele, sambam as várias "alas" da escola.

Escolas como Acadêmicos do Salgueiro, Mangueira, Império Serrano, Portela e Aprendizes de Lucas desfilam, habitualmente, com cerca de mil figurantes – para mais e para menos. A fantasia de cada sambista orça, em regra, por dois a três contos. As alegorias e tudo o mais que não seja individual consomem algumas centenas de contos. Deste modo uma escola, nos desfiles do carnaval, representa um esforço popular da ordem de um ou de alguns milhões de cruzeiros.

ESCOLAS DE SAMBA – II*

As escolas de samba precisam reassumir, com urgência, as responsabilidades que, subestimando as suas próprias forças, entregaram ao Departamento de Turismo da PDF.
Todos os anos, os resultados oficiais do desfile na Av. Presidente Vargas suscitam descontentamentos entre as entidades participantes. O comentário menos amargo será o de que a Comissão Julgadora não entende patavina de samba. Os atrasos, o tratamento desigual das escolas, a desorganização de todo o espetáculo, são outros tantos motivos de impaciência. Em certo ano, toda a Comissão, menos um dos seus membros, abandonou o seu posto, com medo da chuva, frustrando as esperanças de cerca de 10 mil *acadêmicos* e *normalistas* do samba. E, para aumentar a irritação geral, a Prefeitura constrói um tablado desgracioso, acanhado, sem luz – para escolas de samba, ranchos e frevos –, e destaca, nos pontos extremos, alguns dos seus truculentos e façanhudos vigilantes para distribuir borrachadas nos assistentes.
A razão dos descontentamentos está na Comissão Julgadora, de cinco membros, que se compõe, obrigatoriamente, de um maestro, um escultor ou pintor, um escritor ou jornalista, uma costureira ou bordadeira e um coreógrafo. O maestro julga a bateria, a harmonia

---
* Ver nota de Raul Lody no final do livro.

e a música do samba; o escultor ou pintor, as alegorias, a iluminação e a "comissão de frente"; o jornalista ou escritor, o "enredo" e a letra do samba; a costureira ou bordadeira, as fantasias e a bandeira; o coreógrafo, o conjunto e a dança do baliza e da porta-bandeira. Os membros da Comissão dão notas até dez pontos, menos para o samba, que, por estar dividido em letra e melodia, pode ganhar somente cinco pontos numa ou noutra. A soma dos pontos obtidos dá a classificação final de cada escola no desfile.

Não se exige, de qualquer dos cinco árbitros, que entenda de escola de samba. Muitos vão ver essa maravilha do carnaval carioca, *pela primeira vez*, na qualidade de juízes. Saberá o escultor ou pintor o que significa "comissão de frente"? Terá o jornalista ou escritor a noção exata de "enredo"? Poderá o coreógrafo, acostumado a inventar e a adulterar passos de dança, apreender o sentido de um cortejo em que o dançarino, individualmente, não conta? Parece pilhéria a inclusão da costureira ou bordadeira na Comissão Julgadora. Em si mesmas, as fantasias não valem, pois só têm significado em relação com o "enredo" de que são parte. Que idéia fará a costureira da intimidade entre as fantasias e o motivo apresentado pela escola? Quanto à bandeira, por que dar nota a um elemento que apenas identifica a entidade, mas não tem função no desfile? Somente a presença do musicólogo – não tanto do maestro – seria aceitável na Comissão Julgadora. Entretanto, por que destacar a bateria, base rítmica, da harmonia? Por que destacá-las do samba (melodia)? Por que destacá-los todos, afinal?

O sistema de julgamento flagrantemente desrespeita a unidade indivisível da escola de samba.

Com efeito, a escola de samba é uma idéia, um acontecimento, uma concepção em marcha. Fracionada, nada vale. Assim, Portela, em 1954, fez desfilar o passado de São Paulo, enquanto a Império Serrano, em 1953, representou no tablado o último baile da Monarquia, na Ilha Fiscal. O motivo central origina o "enredo", a letra e a música do samba, as alegorias, as fantasias, a disposição dos figurantes e, em conseqüência, as evoluções das "alas" e do conjunto

– numa palavra, todo o desfile. Se os juízes não estão capacitados para entender esta simples realidade, nem podem apreciá-la em toda a sua inteireza, como esperar que os resultados oficiais possam fazer honra e justiça às escolas de samba?

Ora, o erro de julgamento, por desconhecimento de causa, seria definitivamente afastado se as escolas de samba, em cada ano, nomeassem pessoas para representá-las numa espécie de corpo de jurados, de onde, por sorteio, se tirasse a Comissão Julgadora. Para efeito do desfile, as escolas já estão divididas em dois grupos. Em sorteios parciais, cada qual destes dois grupos daria dois dos juízes. Os quatro juízes assim eleitos escolheriam, para completar a Comissão, como elemento moderador, uma pessoa estranha às escolas, de preferência um entendido em folguedos populares. Parece útil sortear suplentes, a fim de prevenir os atrasos injustificáveis – de duas e três horas, às vezes – no início dos desfiles.

A garantia de uma Comissão escolhida desse modo seria, certamente, a responsabilidade dos homens do samba perante os seus colegas. Estes juízes poderiam fazer justiça ao esforço das escolas na apresentação do carnaval, dando a nota merecida a todo o cortejo, e não a partes dele, como se faz, arbitrariamente, agora. A moderação do quinto juiz muito poderia fazer para equilibrar a nota.

Já existe a sugestão feliz de que as notas atribuídas pelos juízes sejam anunciadas, em placar, logo após a passagem da escola, para que toda a grande massa popular que amanhece na Av. Presidente Vargas para ver o desfile se capacite da seriedade do julgamento – e o sancione.

Que ganham as escolas, com a exibição no tablado? Os prêmios concedidos pela Prefeitura são simplesmente ridículos – cinco contos para a escola colocada em primeiro lugar – em relação com o dispêndio de milhares (e mesmo de milhões) de cruzeiros, necessário para que uma dessas associações populares possa encantar o carnaval carioca. Como símbolo destes prêmios, a Prefeitura distribui taças (do tipo esportivo), bustos de figurões, estatuetas eqüestres e outras miudezas com que não sabe o que fazer, em vez de alegorias representativas do samba e da escola de samba.

O dinheiro e os troféus não movem, nem comovem, as escolas. A colocação obtida no desfile constitui a única satisfação do pessoal do samba para o seu esforço físico, intelectual e financeiro, individual e coletivo. E esse esforço, que tanto honra o povo carioca, dando-lhe o privilégio de apreciar o mais importante dos folguedos populares brasileiros, não pode continuar a ser menosprezado por juízes capazes de erro, por simples desconhecimento de tudo o que significa uma escola de samba.

Urge que as responsabilidades do julgamento dos desfiles retornem às suas origens – a grande família do samba.

CLASSIFICAÇÃO DECIMAL
DO FOLCLORE BRASILEIRO*

Muitas têm sido, nos últimos tempos, as tentativas de classificação dos gêneros em folclore. São bem conhecidas as de Maria Cadilla de Martínez (Porto Rico) e de Fray Marcelino de Castellvi (Colômbia), as das Universidades de Tucumán (Argentina) e de Santo Domingo, esta última de acordo com a orientação do professor Ralph Steele Boggs, e a de Efraín Morote Best (Peru). Não devemos esquecer, no que toca ao Brasil, a brilhante contribuição de Amadeu Amaral.

A classificação que agora proponho não teria sentido se não houvesse dois motivos ponderáveis a apoiá-la. Em primeiro lugar, mira esta classificação um objetivo específico, que não estava nas preocupações anteriores – a disposição orgânica dos gêneros para fins de bibliografia, em base decimal. Em segundo lugar, os folcloristas brasileiros, em três Congressos memoráveis, deram tal amplitude ao campo do folclore que nenhuma das classificações existentes, ainda que se voltasse para o tombamento bibliográfico, nas mesmas bases, poderia satisfazer plenamente. Com esta classificação, tento disciplinar as lições da Carta do Folclore Brasileiro e da realidade bibliográfica do folclore nacional.

Em linhas gerais, os gêneros folclóricos seriam divididos em

---

* Ver nota de Raul Lody no final do livro.

.0 A ciência do folclore
.1 Literatura oral
.2 Folclore infantil
.3 Crendices e superstições
.4 Lúdica
.5 Artes e técnicas
.6 Música
.7 Usos e costumes
.8 Linguagem popular
.9 Pesquisa e registro

Tratando-se de classificação decimal, é óbvio que cada divisão destas poderá novamente dividir-se e subdividir-se, *ad libitum*, produzindo assim um sem-número de oportunidades de aceitação de toda espécie de material bibliográfico.

Em todas as primeiras divisões, as alíneas .0 são reservadas a generalidades, o que nos dispensa de repeti-las nesta exposição.

A categoria .0 engloba aspectos teóricos e organizacionais do folclore, tais como:

.01 Posição do folclore entre as ciências
.02 Conceito e objeto
.03 História e desenvolvimento da ciência do folclore
.04 Teorias, classificações, escolas e métodos
.05 Função social do folclore
.06 O folclore e a educação
.07 Folclore comparado
.08 Congressos, Sociedades, cooperação e intercâmbio entre folcloristas
.09 Manuais, bibliografias, atlas, índices, etc.

Estes itens explicam-se por si mesmos. Passemos à categoria .1, Literatura oral:

.11 Poesia popular
.12 Desafios
.13 Contos, estórias, fábulas, mitos e lendas
.14 Novelística
.15 Cancioneiro, romances e gestas
.16 Enigmas populares
.17 Anedotas, trava-línguas, pregões, inscrições, missivas, etc.
.18 Paremiologia
.19 Pasquins, literatura de cordel

A alínea .17 reserva-se a miudezas de vária espécie. Talvez a .13 seja estreita demais para os gêneros que deve comportar, mas pode ser facilmente ampliada através de novas subdivisões. Um ensaio sobre o cururu estaria à vontade na .12, como uma informação sobre ditados e provérbios na .18. Os pasquins e os testamentos de Judas seriam localizados na .19, enquanto as adivinhas entrariam na .16, que traz o nome que lhes deu José Maria de Melo no seu excelente esforço de sistematização. Para exemplificar, um livro que trate de todos os gêneros, ou de vários deles, da literatura oral recairá na .1.

O folclore infantil faz parte integrante da literatura oral, mas, em vista da sua extensão e importância, e sobretudo do interesse que desperta, merece figurar sozinho na categoria .2:

.21 Rondas
.22 Parlendas
.23 Mnemonias
.24 *Formulettes*
.25 Jogos de salão
.26 Jogos e competições ao ar livre
.27 Teatro infantil

Sobram duas alíneas a preencher.

Embora a bibliografia brasileira prefira, quase exclusivamente, as rondas e as brincadeiras cantadas, prevê-se também o caso de artigos, ensaios, informações em torno de outros elementos do folclore infantil, como jogos de salão (amigo-amiga, que me diz da noiva?) e de rua (gude, papagaios de papel, pião) e competições atléticas (carniça) ou recreativas (amarelinha).

Quanto às crendices e superstições, categoria .3, incluiriam

.31 Crenças e superstições
.32 O mundo sobrenatural
.33 Demonologia
.34 Bruxarias
.35 Adivinhações, profecias e sortes mágicas
.36 Gravidez e parto
.37 Concepções do mundo e da vida
.38 Cultos e devoções populares
.39 Taumaturgos, beatos e fanáticos

Desta maneira, uma pesquisa sobre o tipo de êxtase religioso de Canudos, Pedra Bonita, Juazeiro do Norte, Pau de Colher ou Malacacheta seria classificada como .39. O cunho popular que assumiu a devoção a certos santos católicos, Santo Antônio e São Gonçalo, por exemplo, e as práticas que a acompanham, como a lavagem da igreja do Bonfim na Bahia, justificam a alínea .38. Tão sutil é a distinção entre crenças e superstições, irmanadas aliás pelo mesmo instinto primitivo de defesa, que não vale a pena separá-las, nem subdividi-las em maléficas e benéficas. As almas do *outro* mundo podem passear todo o seu cortejo de assombrações na .32.

A categoria .4, Lúdica, cobre o campo das diversões populares:

.41 Jogos e sortes
.42 Danças e bailes
.43 Cortejos
.44 Autos
.45 Festas tradicionais
.46 Teatro de bonecos

.47 Pantomimas
.48 Cavalhadas
.49 Coreografia

São poucos os jogos no folclore brasileiro – a capoeira e a pernada são quase os únicos –, mas alguns dos nossos folguedos perderam a sua unidade inicial e hoje se apresentam fragmentados, com a aparência de jogos independentes. O maculelê, resto dos cucumbis baianos, e as sortes das argolas nas cavalhadas de Maceió pertenceriam assim à .41. Entretanto, as cavalhadas do Paraná e do Amapá, que dramatizam os combates entre mouros e cristãos, entrariam na .48. Estas cavalhadas, por desenvolver um enredo especial, são autos, mas, para os efeitos desta classificação, pareceu mais adequado enumerar, separadamente, autos (peças de ação dramática em teatro popular), pantomimas (peças cômicas), cavalhadas (peças dramáticas representadas em campo aberto), e teatro de bonecos (mamolengos, João Redondo, etc.), a fim de facilitar novas e possíveis subdivisões. O Natal, o carnaval, o São João, as festas do orago, estão considerados na .45. Escolas de samba, folias-de-Reis e maracatus cabem na .43, enquanto a antecedente, .42, aceitando a diferença proposta por Luís de Hoyos Sáinz, inclui danças como o moçambique e bailes como o samba de roda. Há finalmente a .49 para o caso de trabalhos em que se descreva ou examine a coreografia de qualquer dos folguedos nacionais.

As artes e técnicas, categoria .5, envolvem

.51 Pintura, escultura e ex-votos
.52 Cerâmica
.53 Decoração
.54 Vestimenta e adornos pessoais
.55 Arquitetura
.56 Artesanatos
.57 Bonecas e brinquedos

.58
.59 Máquinas e instrumentos de trabalho

– um dos capítulos mais pobres da bibliografia brasileira.

Não tenho habilitações para detalhar a categoria .6, Música, mas, a fim de manter a homogeneidade desta classificação, tomo a liberdade de propor a inclusão do canto e dos instrumentos musicais entre as suas alíneas.

A categoria .7, Usos e costumes, relaciona-se com

.71 Agricultura e pecuária
.72 Astronomia, geografia e meteorologia
.73 Alimentação e culinária
.74 Caça e pesca
.75 Habitação
.76 Medicina popular
.77 História e direito
.78 Cerimônias rituais
.79 Comércio e transporte

Na .71 incluem-se conhecimentos de botânica e de zoologia e costumes rurais, por exemplo o mutirão. Quanto à .75, não duplica a .55, já que a primeira trata dos usos e costumes populares que têm por motivo a habitação, ao passo que a segunda diz respeito apenas à arte de construção de casas. Trabalhos sobre *mundéus* e armadilhas de caça, o arrastão do xaréu ou o bloqueio do mapará caberiam na .74. A medicina popular, .76, oferece um bom exemplo de nova subdivisão, que podemos detalhar aqui:

.760 Nosografia
.761 Etiologia
.762 Diagnóstico
.763 Terapêutica
.764 Profilaxia e higiene
.765 Farmacopéia

.766 Controle da natalidade
.767 Obstetrícia e pediatria
.768 Cirurgia
.769 Veterinária

E, quanto à .78, deve-se dizer que a designação *cerimônias rituais* é a tradução que Amadeu Amaral propôs para *rites de passage*, de modo que nessa alínea caberão os trabalhos sobre usos e costumes relacionados com o nascimento, o casamento, os funerais e outras circunstâncias importantes da existência humana.

A categoria .8 compreende os fatos da linguagem popular, que podem caber nas seguintes alíneas:

.81 Mímica
.82 Morfologia e sintaxe
.83 Semântica
.84 Metáfora
.85 Nomes
.86 Frases feitas
.87 Formas de tratamento
.88 Linguagens especiais
.89 Vocabulários, glossários, etc.

A alínea .84 destina-se a acolher trabalhos em torno do hábito popular de recorrer a imagens para suprir a deficiência vocabular, enquanto a .85 atrairá os que se refiram a nomes, cognomes e apelidos de pessoas ou de terras e países e a tipos populares locais.

Finalmente, as questões ligadas à pesquisa e registro dos fenômenos folclóricos estão previstos na categoria .9:

.91 Informantes
.92 Entrevistas
.93 Fichas de informação e questionários
.94 Observação participante

.95 Requisitos da pesquisa
.96 Notações musicais
.97 Registro mecânico
.98 Comparação, análise e interpretação dos dados
.99 Organização de bibliografias, atlas, índices, etc.

A alínea .96 só aparentemente invade o terreno da música, categoria .6, pois aqui se trata, não de fenômenos musicais do folclore, mas da técnica de transcrição fiel da música popular. A mesma coisa ocorre com a .97, aplicação das técnicas de gravação, fotografia e filmagem ao folclore.

Tem esta classificação – embora incompletamente apresentada como está – uma direção geral definida.

Suponho haver previsto, nestes itens, a totalidade dos casos possíveis em classificação bibliográfica no campo do folclore, em toda a extensão em que o concebem os folcloristas brasileiros.

O FOLCLORE NA OBRA DE EUCLIDES*

Não estava o folclore nas preocupações principais de Euclides da Cunha. Pode-se mesmo dizer que não fazia parte, sequer, das suas cogitações. Somente uma circunstância, que aliás nada tem de fortuita, justifica que estejamos aqui a respigar o que de folclore existe na sua obra.

O tempo em que, adulto, viveu – a aurora da República – não permitia, aos homens do seu temperamento, interessar-se por um conhecimento que tinha muito de divagação, que era por muitos títulos uma fuga à realidade, que constituía uma exploração recente, de resultados incertos. O folclore parecia então – como parece ainda a muitos dos nossos intelectuais – uma disciplina não perfeitamente delineada, sem autonomia, e especialmente sem objetivos práticos, definidos e claros. Em suma, sem utilidade. Ora, esta inutilidade do folclore seria um seguro indício de que, sob esse título, não se encobria uma ciência.

O grande Sílvio Romero, que dominava todo o horizonte do folclore, escreveu, de Euclides, que era "um grande talento formado fora do círculo das literatices da moda". O folclore era uma dessas "literatices". Parecia estar indissoluvelmente jungido à literatura, como uma investigação menor dos processos de expressão pela

---
* Ver nota de Raul Lody no final do livro.

palavra. Não passava, assim, de uma "literatice", sedutora para toda uma classe de eruditos que, de pijama e chinelos, podiam ainda interessar certa massa de leitores, rebuscando a memória, os dicionários e os arquivos. Folclore! O grande sergipano, que lhe rasgou tão amplos caminhos, não o entendia muito bem. Tinha a intuição do popular, teve oportunidade de realizar uma coleta que ainda agora surpreende, mas a compreensão profunda do fenômeno lhe escapava. E escaparia, durante muito tempo, aos seus seguidores. E, para dar mais nebulosidade ao folclore, podiam-se contar, nos cinco dedos da mão, com alguma sobra, os vagos cultores desse vago conhecimento que se escondia sob nome estrangeiro, de pronúncia difícil e inesperada.

A "literatice" que era o folclore parecia, como certamente parece ainda, no melhor dos casos, pesquisa, no pior, registro, uma e outro mais ou menos ociosos, de fatos que participam, simultaneamente, do passado e do presente. O mundo científico terminava as suas núpcias com as "antigüidades populares". Estavam em grande voga as ciências sociais – a antropologia, a sociologia e a economia – que, atraindo as atenções gerais, iriam relegar a um quase abandono a ciência do popular. Esta, que perdera um tempo sem dúvida precioso decantando as suas maravilhas, nem mesmo chegara a delimitar o seu âmbito de ação. E, numa terra que era praticamente de ninguém, lingüistas, historiadores e psicólogos se digladiavam pela sua posse, enquanto, de fora, destroçando a sua precária autonomia, troavam forte os canhões da antropologia. Em conseqüência, o folclore se reduziu a uma ciência marginal, a um corpo de conhecimentos auxiliar, a uma "literatice" de eruditos sem assunto.

Que interesse poderia ter, para um homem ansiosamente debruçado sobre a realidade nacional, como Euclides da Cunha, um saber que era o passado, o passado com todo o seu cortejo de superstições, de vícios e de erros – e de atrasos seculares?

Contudo, teremos de estabelecer uma distinção fundamental. Embora o folclore, como disciplina científica, não lhe tenha merecido mais do que a atenção que se explica pela simples curiosidade, o folclore, como fenômeno social, vivo, atuante, o atraía. Não sem medida. Não com a sedução que exerce sobre nós, folcloristas. Não pelo seu valor em si mesmo. Euclides utilizava o folclore como *documento* do baixo nível de vida material do povo, como um argumento decisivo para a sua insistência na necessidade de promover o bem-estar geral.

Com efeito, Euclides da Cunha pretendia não registrar fatos mais ou menos curiosos, mas encontrar solução para angustiantes problemas que colocavam perante a nacionalidade o dilema de progredir ou desaparecer. Um pouco por sua própria iniciativa, viu-se enredado, envolvido por esses problemas, alguns deles na sua fase mais aguda, quando rebentavam em sangue e em fúria. Foi enfrentando-os, estudando-os, procurando compreendê-los em toda a sua extensão e profundidade, que travou conhecimento com o folclore.

* * *

Com a obsessão dos problemas gerais, não podia satisfazer-se com o estudo isolado dos fenômenos do folclore. Não se dignou de descrever um costume, uma festa, uma habilidade popular. Embora tivesse diante de si, por muitos anos, a figura do Conselheiro, que capitaneou a maior e a mais violenta onda de fanatismo do país, não fez a análise dessa sub-religião, nascida nas catacumbas do catolicismo popular, dentro de que os seus taumaturgos poderiam surgir a nova luz. Todo o mundo estranho da Amazônia, no momento áureo da borracha, serve-lhe apenas para colorir as páginas em que concentrou o drama da terra e do homem no grande vale. E, na única vez em que se dispôs a descrever um costume, o tratamento dado a Judas pelos seringueiros do Purus, não pôde fazer mais do que uma crônica, uma página de antologia que perpetua, não o costume geral, mas a diversão circunstancial de um grupo de pioneiros descontentes com a nova terra.

O sertanejo da Bahia e o seringueiro da Amazônia povoam muitas das suas páginas. Lá estão, porém, com um propósito claro e até mesmo lógico. São argumentos. Inquietava-o o desnível entre as populações do interior, condenadas a uma existência miserável, e as do litoral. Os soldados, na campanha de Canudos, sofriam uma "transição violenta" ao chegar ao sertão:

> Viam-se em terra estranha. Outros hábitos. Outros quadros. Outra gente. Outra língua mesmo, articulada em gíria original e pitoresca. Invadia-os o sentimento exato de seguirem para uma guerra externa. Sentiam-se fora do Brasil. A separação social completa dilatava a distância geográfica; criava a sensação nostálgica de longo afastamento da pátria.

A luta era, ao mesmo tempo, "um refluxo para o passado" e, de certo modo, "uma invasão – em território estrangeiro". Euclides, talvez só entre milhares de homens, encarava um desfecho melhor para todos:

> Decididamente era indispensável que a campanha de Canudos tivesse um objetivo superior à função estúpida e bem pouco gloriosa de destruir um povoado dos sertões. Havia um inimigo mais sério a combater, em guerra mais demorada e digna. Toda aquela campanha seria um crime inútil e bárbaro, se não se aproveitassem os caminhos abertos à artilharia para uma propaganda tenaz, contínua e persistente, visando trazer para o nosso tempo e incorporar à nossa existência aqueles rudes compatriotas retardatários.

Para o nosso tempo! Esta era a preocupação de Euclides. Anotou esta observação em correspondência enviada ao chegar à retaguarda do teatro da guerra, em Queimadas, e a inseriu, em definitivo, n'*Os Sertões*. De tal maneira se preocupava com o problema nacional do progresso que não somente compreendeu, sentimentalmente, o conflito, como pôde configurá-lo, cientificamente, como uma crise estrutural:

... assim como os estratos geológicos não raro se perturbam, invertidos, sotopondo-se uma formação moderna a uma formação antiga, a estratificação moral dos povos por sua vez também se baralha, e se inverte, e ondula riçada de sinclinais abruptas, estalando em *faults*, por onde rompem velhos estádios há muito percorridos.

O seringueiro da Amazônia – "o homem que trabalha para escravizar-se" – tem, menos ainda do que o sertanejo da Bahia, o valor de argumento. Euclides viu, no grande vale, problemas de penetração e de ocupação humana, não do ponto de vista da região, mas numa perspectiva nacional. O recrutamento de nordestinos, a faina da borracha, a intervenção do *regatão*, todos esses incidentes cotidianos como que se apagam em face dos dramas, que lhe pareciam exigir solução mais imediata, da terra. Os rios abandonados, as terras caídas, as alagações, o Amazonas carreando sedimentos para outros países, estavam em primeiro plano. E, mesmo quando discute uma possibilidade de acelerar o povoamento da Amazônia, com a sua proposta da Transacreana, não permite que o amazônida perturbe as suas considerações.

O sertanejo da Bahia está parcialmente retratado por Euclides. Como compreendê-lo, sem a análise do regime de propriedade vigente naquela zona árida do Leste? E, sem esta compreensão do sertanejo, como compreender o subproduto que era o jagunço? "Insulado no espaço e no tempo, o jagunço, um anacronismo étnico..." Esta tentativa de explicação não basta. Em socorro de Canudos chegavam, de todos os pontos do sertão, novos combatentes. "Vinham 'debaixo do cangaço': a capanga atestada de balas e o polvarinho cheio; a garrucha de dois canos atravessada à cinta, de onde pendia a *parnaíba* inseparável; à bandoleira, o clavinote de boca de sino." Seria isto prova de estar o jagunço "insulado no espaço e no tempo"?

Euclides cantou um hino de louvor à vestimenta de couro do vaqueiro baiano: "É um mediador de primeira ordem ante as intempéries. Atenua o calor no estio, atenua o frio no inverno; amortece as mais repentinas variações de temperatura; normaliza a economia fisiológica, e produz atletas." Fê-lo, porém, para apontar as suas possíveis vantagens militares em luta como a de Canudos: "Não se gasta; não se rompe. Depois de um combate longo, o lutador exausto tem o fardamento intato e pode repousar sobre uma moita de espinhos. Ao ressoar de um alarma súbito, apruma-se, de golpe, na formatura, sem uma prega na sua couraça flexível. Marcha sob uma chuva violenta e não tirita encharcado; depara, adiante, um ervaçal em chamas e rompe-o aforradamente; antolha-se-lhe um ribeirão correntoso e vadeia-o, leve, dentro da véstia impermeável."

Embora tivesse pressentido o problema estrutural, que caracteriza Canudos, não estava preparado, teoricamente, para entender os variados processos pelos quais o homem, privilegiado entre os seres vivos, se ajusta a todo e qualquer ambiente – e nele encontra satisfações e prazeres.

E, para cúmulo, deixou-se viciar pelas maneiras de pensar da tropa, de modo a confundir o sertanejo com o jagunço. Os homens que defendiam Canudos não eram mercenários pagos, a mando de elementos poderosos, com a missão exclusiva de matar. Em alguma parte do seu grande livro, Euclides mesmo o reconhece: "O sertanejo defendia o lar invadido, nada mais." A sua permanência no sertão não foi, porém, suficientemente longa para lhe permitir entender as pequenas sutilezas que transformam o sertanejo no jagunço – que o fazem viver "debaixo do cangaço".

Entretanto, o sertanejo e o seringueiro, mesmo sob perspectiva tão incompleta, serviram admiravelmente os fins visados por Euclides. Foram os mais vigorosos *argumentos* na sua campanha de toda a vida em prol do progresso nacional.

* * *

O folclore, a ciência do folclore, poderia ter sido de grande valia a Euclides se, dadas as circunstâncias do seu aparecimento no

Brasil, não viesse de arrasto, como um apêndice mais ou menos incômodo da literatura.

Tylor, Frazer, Lang, nos fins do século, e mais tarde Laurence Gomme, norteavam a investigação no campo do folclore, não como a simples coleta de literatura oral, não como o simples registro de expressões populares, mas, acompanhando os progressos das ciências sociais, cada vez mais como um mecanismo de ajuste do homem ao seu ambiente. Da literatura passava-se para a dança, para os jogos, para a arte e para o campo sem fronteiras do costume. O folclore ganhava, aos poucos, mas com segurança, toda a sua força como a ciência do popular, com interesse principal nas maneiras de sentir, pensar e agir do povo, nos modos pelos quais "o grande número" se exprime.

Entre nós, o folclore dava os primeiros passos. Não sendo um especialista, Euclides, que tomara conhecimento dos trabalhos de Sílvio Romero, não pôde ultrapassar os marcos já conquistados. E esses marcos não tinham interesse para os problemas com que lidava. Parece significativo que somente um começo de desafio e algumas quadras sobre a missão do Conselheiro se encontrem transcritos nos seus livros – e estas últimas com alteração da grafia original. As profecias atribuídas ao Conselheiro são reproduzidas, parcialmente, quase sem comentário, pelo menos o comentário que se poderia esperar de um homem um pouco mais versado nos costumes religiosos populares. Euclides não pôde, assim, passar, não tanto da coleta, que não fez, mas do registro, do registro simples, da anotação sumária de fenômenos que estavam à mostra na vida cotidiana das populações que estudou. Também, de que lhe serviriam investigações mais acuradas, se visava apenas o progresso geral, se desejava corrigir as *faults* apontadas pelo baixo nível de vida do povo?

Estudando os problemas com a simpatia, o calor humano que comunicava a todas as coisas, o folclore, essência da vida popular, não poderia escapar à sua observação. Não se comprazia, entretanto, no conhecimento do folclore. Tinha a atenção voltada para a solução de problemas de âmbito nacional, de que dependia o nosso futuro como povo e como nação – o nosso progresso ou o nosso desaparecimento.

* * *

Uma pesquisa mais demorada nos seus livros poderá revelar um conhecimento razoável de certas exterioridades do folclore. A lida pastoril do gaúcho, com toda a sua espetacularidade, não poderia passar despercebida a Euclides. Superstições, medicina popular, modismos de linguagem, tanto do sertão como da Amazônia, repontam, aqui e ali, em muitos dos seus trabalhos. Tudo se transubstancia para dar, finalmente, uma advertência, uma lição, um conselho – ou uma imprecação dolorosa e triste. Não se verá, porém, em ocasião alguma, esse enamorado dos problemas levando mais a fundo a análise de um dos muitos fenômenos do folclore brasileiro com que topou nas suas andanças pelo país.

Um exemplo típico está na destruição de florestas, que se muda, sob a inspiração de Euclides, na bela e justa crônica dos *fazedores de desertos*. Todas as desgraças conseqüentes à queima das florestas – a transformação do clima, a esterilização da terra – estão apontadas com segurança. Falta-lhe, apenas, a descrição do costume da queimada, do modo especial por que, no oeste paulista, o homem desperdiça e extingue as fontes de riqueza que o solo lhe dá. Esse costume prende-se à agricultura popular como um capítulo importante do folclore do trabalho, que envolve concepções, técnicas e hábitos de vida seculares, herdados dos indígenas, mas de valor funcional na sociedade que lhes tomou o lugar. Entretanto, não sugere uma linha a Euclides, que o utiliza, não para revelá-lo, mas para combatê-lo no que tem de nefasto para o bem-estar geral.

Euclides, homem do seu tempo, travou relações com a ciência do folclore, que então engatinhava no Brasil. O objetivo dessa ciência, como parecia na ocasião, não tinha atrativos para um pensador preocupado, em especial, com problemas de maior envergadura –

o triunfo sobre o grande atraso político, social e econômico em que vegetávamos. Muitos anos teriam de passar antes que o folclore se revelasse como uma das forças de recuperação da sociedade e a sua investigação pudesse, por atingir os modos de ser das camadas mais resistentes da população, transformar-se num elemento de progresso. Se não tinha maiores simpatias pela ciência do folclore, não se negou a ver os fenômenos do folclore – danças, cantares, superstições, vestimentas e costumes – relacionados com os problemas que o angustiavam. Não tratou esses fenômenos como um especialista, antes usou-os, tanto para dar caráter ao seu esforço de apresentação e discussão dos problemas, quanto como argumentos decisivos para as transformações sociais de que se fez um abnegado apóstolo.

* * *

Muitos e variados usos têm feito os eruditos do folclore. Euclides o utilizou como argumento na sua luta de todos os dias pelo progresso e pelo bem-estar do Brasil. Proclamemos que esta utilização do popular dignifica Euclides e se faz um galardão para o folclore.

A Comissão Nacional de Folclore

UMA NOVA FASE

Não se pode dizer, como o fez Mário de Andrade pouco antes de morrer, que "ainda não é boa" a situação dos estudos de folclore. Embora, certamente, não tenhamos chegado a uma situação ideal, muito já se tem feito no sentido não só da coleta de dados, mas da sua interpretação.

Infelizmente, entre todas as ciências sociais, o folclore foi sempre a menos prezada, a menos respeitada, a que mais dificuldades encontra para ser considerada uma ciência, talvez por se refugiarem nela quase que exclusivamente poetas e literatos, sem dúvida capazes de sentimento artístico, mas sem originalidade de criação. Daí que o folclore se tornasse – como ainda hoje muitas vezes ocorre – uma ciência para *dilettanti*, para curiosos, no máximo para eruditos à cata de assunto. O interesse por esta ciência se originou, aliás, do gosto pelas antigüidades populares – os contos, as tradições, os elementos supérstites de velhas fases da civilização humana. E, quando o conhecimento desta ciência chegou ao Brasil, trazido pela mão do grande Sílvio Romero, marchava ao seu lado a noção de "sobrevivência", que ainda agora perdura de maneira prejudicial ao entendimento dos fatos folclóricos e aos objetivos do seu estudo. Isto é, o pesquisador – ou que outro nome queiramos dar àquele que se dedicava a estas questões – contentava-se com a descoberta de que tal ou qual folguedo, este ou aquele costume, uma estória ou uma lenda, etc., se deviam ao índio ou ao negro, provinham de Portugal ou da Índia... Ninguém buscava captar os *processos* pelos quais o fato folclórico emergira da sociedade, nem tentava compreender a sua importância, a sua função, dentro da comunidade. Daí a floração de eruditos que transformou o estudo do folclore, da busca interessada das maneiras peculiares pela quais o povo sente, pensa e age, na simples comparação de textos ou de materiais, quando não no recurso à memória pessoal, em estilo de crônica, para reviver as festas e os costumes do passado.

Todo este panorama está mudando – e mudando com relativa rapidez. Não se pode dizer, por enquanto, que o interesse pelo folclore no Brasil – e menos ainda o interesse pelo estudo do folclore – tenha características científicas bem definidas. Há muito de curiosidade e de sentimentalismo a dirigir as pessoas de certa ilustração para as coisas particulares do povo. E nesse interesse, e em muitos dos estudos de folclore, não se notam sinais de entendimento da importância nacional das manifestações independentes do povo, nem da sua significação universal e humana. Podemos dizer, entretanto, que, ao lado dessa corrente de simples simpatia, desenha-se um vigoroso movimento que procura controlar e comandar a atividade dos folcloristas, endereçando-a para o campo da ciência.

* * *

A reviravolta data do ano de 1947, com a fundação da Comissão Nacional de Folclore, integrante do Instituto Brasileiro de Educação, Ciência e Cultura (IBECC), órgão nacional da Unesco.

Partiu a iniciativa de Renato Almeida, estudioso da nossa música popular e talvez o maior propagandista do folclore brasileiro, que, nomeado Secretário-Geral da CNFL, desenvolveu uma prodigiosa atividade, conseguindo atrair para esse trabalho de defesa e estudo do populário nacional todas as figuras de relevo nesse campo, residentes no Distrito Federal e nos estados – Joaquim Ribeiro, Sílvio Júlio, Manuel Diégues Júnior, Cleofe Person de Matos e Dulce

Lamas (Distrito Federal), Luís da Câmara Cascudo (Rio Grande do Norte), Rossini Tavares de Lima (São Paulo), Théo Brandão (Alagoas), Aires da Mata Machado Filho (Minas Gerais), Osvaldo Cabral (Santa Catarina), José Loureiro Fernandes (Paraná)... Incansável na sua faina de mobilizar inteligência e boa vontade, Renato Almeida acrescentou a estes nomes os de José Calazans e Hildegardes Viana (Bahia), Dante de Laytano e Ênio de Freitas e Castro (Rio Grande do Sul), Getúlio César e Renê Ribeiro (Pernambuco), J. Coutinho de Oliveira, Armando Bordalo, Bruno de Menezes e Ernesto Cruz (Pará), Domingos Vieira Filho (Maranhão), Mário Ypiranga Monteiro (Amazonas), Guilherme Santos Neves (Espírito Santo), Florival Seraine (Ceará) e muitos outros em todos os estados. Com este material humano se construiu a CNFL – e com esse mesmo material, cada vez mais numeroso e mais operante, floresce um dos movimentos de maior amplitude já verificados no país.

Já no ano seguinte à sua fundação, espalhava-se a CNFL pelo território nacional em 18 subcomissões e instalava, no Rio de Janeiro, a I Semana de Folclore, ponto de partida para uma série não interrompida de reuniões de folcloristas, para exposição e discussão dos problemas do populário brasileiro e para a tomada de medidas práticas visando à defesa do patrimônio cultural do povo e ao seu estudo científico. Este primeiro encontro teve resultados positivos – uma conceituação do folclore submetida por Arthur Ramos à consideração dos seus colegas, trabalho que coloca o folclore no seu exato lugar, como parte das ciências do homem, e a conferência de Cleofe Person de Matos em torno da nossa música popular. A Semana, constante de discussões úteis entre folcloristas do porte de Joaquim Ribeiro e Sílvio Júlio, concertos, exposição de arte popular, etc., abriu caminho para a II Semana, em São Paulo (1949), e para a III, em Porto Alegre (1950). Da II Semana restam, como elementos positivos, a comunicação de Alceu Maynard Araújo sobre o cururu rural e o levantamento das idéas de Mário de Andrade no campo do folclore, devido a Rossini Tavares de Lima. Quanto à

III Semana, o seu ponto mais alto foi o trabalho apresentado por José Loureiro Fernandes, de referência às cavalhadas de mouros e cristãos de Palmas, Paraná. Na mesma ocasião, Rossini Tavares de Lima apresentou um plano de criação de centros de pesquisa para o trabalho de campo: "O trabalho primacial dos centros de pesquisa, assim como o de todos os folcloristas e intelectuais brasileiros interessados em folclore, deve ser a pesquisa de campo, a colheita de material como ele aí está e se encontra no meio do povo, e, depois, a sua difusão, com notas e observações, se se quiser, mas sempre no seu estado original..."

Embora extremamente radical na sua formulação, este era o sinal para uma decisiva mudança de rumo nos estudos de folclore. E com isto se abria a perspectiva de um encontro mais amplo entre os interessados em folclore a fim de tornar mais produtivo o esforço comum.

Chegara o momento de um Congresso de âmbito nacional.

* * *

O I Congresso Brasileiro de Folclore foi, sem dúvida, o maior acontecimento intelectual do ano de 1951.

De todos os círculos literários, científicos, artísticos e musicais do país chegaram adesões, contribuições, aplausos. Toda a simpatia nacional pelas coisas do nosso povo se canalizou para o Congresso, inclusive na forma de pessimismo em torno das suas realizações. Mais de cem folcloristas, da capital e dos estados, estiveram presentes e participaram dos debates. O Congresso teve de distribuir-se por doze Grupos de Trabalho, dos quais dez permanentes, a fim de dar vazão à soma considerável de 175 teses e comunicações da mais variada espécie. "O maior documentário folclórico brasileiro" – disse Luís da Câmara Cascudo, relator-geral do Congresso – "está condensado nessa massa de monografias..." Muitos desses trabalhos estão publicados em revistas e periódicos, independentemente, pelos seus autores, e alguns constam dos Anais do Congresso, já no terceiro volume. Não se limitou o Congresso, porém, a esta onda de simpatia, nem a esta caudal de trabalhos individuais. Foi discutido e aprovado um projeto de convênio entre o IBECC e os governos estaduais visando à proteção e ao estudo do folclore local – um convênio que já está dando fruto em vários estados – e, na base das propostas de interesse permanente aceitas em plenário, foi elaborada a Carta do Folclore Brasileiro, súmula e roteiro das atividades dos nossos folcloristas, documento de ressonância nacional e internacional, que bastaria, por si só, para justificar o conclave de 1951.

Essa Carta significou um grande estímulo para os estudiosos e deu ensejo para a convocação de um Congresso Internacional de Folclore, reunido em São Paulo em 1954.

* * *

Paralelamente a essa atividade da CNFL, os ensinamentos de Mário de Andrade revelavam a sua fecundidade em São Paulo.

Foi o nome de Mário de Andrade o escolhido para batizar o Centro de Pesquisas Folclóricas que Rossini Tavares de Lima, em 1946, fundou no Conservatório Dramático e Musical de São Paulo, com alunos e ex-alunos da cadeira de Folclore Nacional. Procedentes de todos os pontos do estado, esses alunos e ex-alunos coletaram material para um pequeno museu e colaboraram ativamente nas pesquisas de campo que, a partir de então, empreendeu o seu professor. O Centro de Pesquisas Folclóricas conseguiu atrair o interesse de grande número de pessoas qualificadas, que se destacam hoje como bons pesquisadores – Jamile Japur, João Batista Conti, Evanira Mendes, Maria de Lourdes Borges Ribeiro, Geraldo Brandão, Gentil de Camargo... Estes nomes figuram hoje na Comissão Paulista de Folclore, ao lado dos de Oracy Nogueira e Frederico Lane, já notáveis nos campos da sociologia e da etnologia. Esteve ligado a esse grupo, nos primeiros anos, outro pesquisador, Alceu Maynard Araújo, autor de bons trabalhos em torno do cururu, das folias-de-Reis e de outras diversões populares do Estado. Como resultado imediato das pesquisas de campo, o Centro de Pesquisas Folclóricas publicou alguns folhetos de notas e observações em grande parte ainda válidas, com referência a diversões do povo com interesse musical. Quando da realização do I Congresso de Folclore, disseminara-se de tal maneira o hábito da pesquisa de campo entre os folcloristas de São Paulo que o folclore local estava completamente recenseado e a delegação paulista pôde apresentar-se com um número considerável de trabalhos originais de coleta e com algumas boas recomendações de natureza teórica, como, por exemplo, a sua contribuição à caracterização do fato folclórico, que em muitos pontos concordava com a elaborada por Joaquim Ribeiro para a CNFL e aprovada pelo Congresso.

Em 1954, Rossini Tavares de Lima, que tem prestado valiosa colaboração à caracterização do fato e da música folclóricos, publicou o volume *Melodia e ritmo no folclore de São Paulo* (edição Ricordi), com importante documentação em torno do cururu, do samba, do jongo, do batuque e dos instrumentos musicais de que se vale o povo paulista.

Quando ainda estava à frente do Departamento de Cultura da administração municipal de São Paulo, Mário de Andrade havia mandado pesquisadores ao Norte e ao Nordeste do país, em busca de documentário – Camargo Guarnieri, Martin Braunwieser, Luís Saia... O material recolhido estava, entretanto, por publicar. Esse imenso trabalho de revisão coube a Oneyda Alvarenga, diretora da Discoteca Pública Municipal, que em muitos casos teve de trabalhar sem a ajuda dos coletores. Daí resultaram alguns volumes de música popular, e especialmente *Melodias registradas por meios não mecânicos*, que cobre uma vasta área do folclore musical. Também coube à Discoteca Pública a realização de concursos de monografias folclóricas, com ênfase especial sobre a pesquisa de campo. *Cururu*, de João Chiarini, *Os "pasquins" do litoral norte de São Paulo e suas peculiaridades na ilha de São Sebastião*, de Gioconda Mussolini, *Baile pastoril no sertão da Bahia*, de José Nascimento de Almeida Prado,

O reisado alagoano, de Théo Brandão, *Malhação de Judas em São Paulo*, de Rossini Tavares de Lima, *Um grupo de moçambiqūe em Aparecida do Norte*, de Maria de Lourdes Borges Ribeiro, *Contribuição para o estudo da modinha*, de Evanira Mendes, *Artes e ofícios caseiros*, de Saul Martins, contam-se entre as boas contribuições ao conhecimento do folclore nacional trazidas por esses concursos. Pessoalmente, Oneyda Alvarenga publicou um excelente trabalho em torno da *música popular brasileira*. Foram registrados 190 discos originais, alguns de música de religiões populares, já publicados, e os demais de diversões e folguedos, bumba, cabocolinhos, reisado, Nau-Catarineta, congadas, folias-de-Reis, coco, cantorias, cantos de trabalho, danças rurais, etc., ainda por matrizar.

Os amigos e auxiliares de Mário de Andrade chegaram, desse modo, a constituir um grupo que tornou São Paulo o centro nacional mais importante dos estudos de folclore. E, desse grupo, a maioria, reunida em torno de Rossini Tavares de Lima, e desde o começo ligada à Comissão Paulista de Folclore, se destacou tanto na pesquisa de campo como no trabalho em equipe.

* * *

Também, por ocasião do Congresso, as Comissões de Folclore do Paraná, de Santa Catarina, do Espírito Santo e de Alagoas chamavam sobre si a atenção geral, pelos fecundos resultados do seu trabalho.

José Loureiro Fernandes submeteu ao Congresso novo trabalho de pesquisa – *As congadas da Lapa* –, que inclui textos, documentos musicais e coreografia, além da análise do folguedo. Professor de Antropologia da Faculdade de Filosofia do Paraná, ex-diretor do Museu do Estado, José Loureiro Fernandes vinha interessando os seus alunos na coleta de material folclórico – e muitos deles são responsáveis por bons filmes e por pequenos estudos da lúdica e da ergologia paranaenses. Pessoalmente, com a ajuda do cinegrafista Wladimir Kozak, José Loureiro Fernandes havia documentado, em cores, as cavalhadas de Palmas e as congadas da Lapa. Outro elemento de destaque da Comissão paranaense, Fernando Corrêa de Azevedo realizou importantes trabalhos em torno dos aspectos folclóricos do litoral do estado, notáveis pela sua precisão e objetividade.

Coube a Osvaldo Cabral, em Santa Catarina, coordenar a atividade dos folcloristas do seu estado. Em torno da Comissão catarinense reuniram-se figuras ilustres, como o desembargador Henrique Fontes, jovens pesquisadores, como Osvaldo Ferreira de Melo Filho, Walter Piazza e Urbano Sales, e jovens cientistas, como Vítor Peluso Júnior. Este último, geógrafo de profissão, tem realizado com êxito o consórcio entre a geografia e o folclore, especialmente no seu recente estudo de cidades alemãs e portuguesas em Santa Catarina, *Tradição e plano urbano*, ensaio de geografia urbana aplicada ao folclore. Osvaldo Cabral, publicista de largo tirocínio, estudou recentemente alguns dos folguedos populares da gente barriga-verde – o vilão, a jardineira, o pau-de-fitas – e publicou importante volume, *Cultura e Folclore*, que dá a visão geral dos fenômenos sociais indispensável ao folclorista.

A Comissão Capixaba de Folclore foi entregue, em boa hora, aos cuidados de Guilherme Santos Neves, que pessoalmente coletou material referente aos ticumbis, à festa do alardo, etc., e prestou um serviço à etnologia, determinando os pontos do estado em que o bispo João Nery assistiu à *cabula*, cerimônia religiosa dos negros, que constituía um mistério desde a publicação da sua Pastoral, divulgada no mundo científico por Nina Rodrigues. A Comissão capixaba publica um mensário, *Folclore*, e dirige um programa de rádio de interesse folclórico, *Penedo vem*.

Em Alagoas a Comissão de Folclore obedece à orientação de Théo Brandão, talvez o mais completo e o mais operoso dos nossos folcloristas. Tendo a princípio se interessado pela literatura oral, em que tem hoje uma invejável posição com os seus livros *Folclore de Alagoas* e *Trovas populares de Alagoas* e com os artigos que habitualmente publica na imprensa carioca e pernambucana, deve-se a ele o estudo aprofundado de todos os folguedos alagoanos, na boa técnica da pesquisa folclórica. Théo Brandão já havia dado prova das suas habilitações neste campo, não só com a sua monografia sobre *O reisado alagoano*, como no ensaio sobre *O auto dos cabocolinhos*, apresentado ao I Congresso de Folclore – uma pesquisa magistral que modifica inteiramente a maneira de pensar dos nossos folcloristas em torno das origens e do significado dos cabocolinhos. Deve-se a Théo Brandão, por outro lado, a gravação de todos os folguedos alagoanos e a sua maior documentação fotográfica. Da Comissão alagoana participam José Maria de Melo, provavelmente o nosso maior entendido em adivinhas, que estudou no seu magnífico livro *Enigmas populares*, e José Aloísio Vilela, memória viva do coco e do reisado de Alagoas.

Essas Comissões – de São Paulo, do Paraná, de Santa Catarina, do Espírito Santo e de Alagoas – estavam (e estão) à frente dos estudos de folclore no país.

* * *

Já em 1948, na I Semana de Folclore, dera-se voz ao desejo de preparação de um manual de iniciação à pesquisa folclórica, com o duplo objetivo de ampliar o quadro de trabalhadores e de prepará-los melhor para o trabalho de campo. Dois anos depois, como vimos, Rossini Tavares de Lima propunha a criação de Centros de Pesquisa, insistindo na necessidade do íntimo conhecimento das maneiras de ser do povo, atingível somente através do trabalho constante, paciente, efetivo e em base científica. A Carta do Folclore Brasileiro não esqueceu esta exigência nacional dos folcloristas. À Semana de Folclore de Maceió (1952), quarta das reuniões desse gênero, caberia orientar corretamente essa saudável inclinação para a pesquisa científica.

Os folcloristas brasileiros, em Maceió, em meio ao deslumbramento e à riqueza de um festival inigualável em outra cidade do país – reisados, guerreiros, pastoris, baianas, cavalhadas, marujadas, quilombos e cabocolinhos, tendo por centro geográfico o Largo do Bebedouro –, convieram em que a atenção de todos devia concentrar-se nos folguedos populares, nas demonstrações lúdicas e cerimoniais em que a nossa gente espairece as agruras da vida, e nos instrumentos musicais que os acompanham, e em algumas das artes e técnicas úteis, como a cerâmica e os trançados em geral. Trocaram-se idéias para a proteção mais eficaz dos folguedos populares e, a pedido do governador do Estado, foi criada uma comissão a fim de opinar sobre o funcionamento das casas de culto de origem negra (*xangôs*) de Alagoas. E, finalmente, Edison Carneiro foi incumbido de preparar um manual de pesquisa para a iniciação de leigos, a fim de alargar o quadro de estudiosos do folclore (*Pesquisa de folclore*, edição da CNFL, 1955).

Preparava-se, desse modo, o II Congresso de Folclore.

Renato Almeida, porém, não se fazia ilusões. Em São Paulo, nesse mesmo ano, dando um balanço das atividades da CNFL, podia o seu Secretário-Geral dizer que era "a defesa do patrimônio e da cultura popular", mais do que o estímulo aos estudos e pesquisas de folclore, o resultado mais palpável até então conseguido. "O interesse despertado nos círculos oficiais e privados... é largo e intenso. Ao apelo de ajuda técnica lançado aos governos estaduais já temos recebido várias respostas favoráveis. A proteção aos folguedos e sua inscrição mesmo em programas oficiais, comemorativos ou recreativos, se está processando com êxito. A própria penetração do folclore no ensino é uma idéia em marcha. A atenção para as artes populares cresce cada vez mais e se pode mesmo dizer que o folclore está em moda..." No referente, porém, à sistematização científica dos estudos de folclore, a situação não se apresentava tão rósea: "Os trabalhos de erudição são ainda deficientes. Mesmo a literatura oral, porventura a parte mais e melhor estudada no conjunto de nosso folclore, se ressente de imprecisões relativas à sua morfologia, aos processos literários, à métrica, à imagética, à apresentação de figuras, à prosódia, à sintaxe, à semântica e assim por diante. A determinação geográfica está por fazer e será muito difícil, pois os levantamentos são por demais imperfeitos. Muito perigoso dizer que tal ou qual fato não aparece em determinada região. Os problemas de forma estão também em início com a dificuldade da nomenclatura, do significado exato de vozes, ora genéricas, ora específicas, das diferenciações por vezes sutis e, sobretudo, de um conhecimento morfológico perfeito e minucioso."

* * *

O novo encontro nacional teve lugar em Curitiba (1953), com um temário reduzido, de acordo com as recomendações de Maceió.

O levantamento dos folguedos populares, a cargo das Comissões estaduais, não satisfez, pois na realidade cumpriram essa recomendação apenas as Comissões de São Paulo, Espírito Santo e Alagoas. A contribuição de Alagoas – um valioso trabalho em dois volumes, *Folguedos populares de Alagoas*, de Théo Brandão, que está para ser publicado brevemente por uma editora carioca – foi sem dúvida o ponto mais alto do Congresso. No referente a instrumentos musicais, foram notáveis as contribuições paulista e capixaba. A Comissão do Congresso que discutiu esse tema aprovou uma importante resolução sobre música folclórica, que reflete o pensamento e a experiência dos nossos especialistas, uma resolução que manda considerar folclórica toda música que tenha por características *a*) a sua criação ou aceitação no meio popular, *b*) a sua continuidade preservada pela transmissão oral, *c*) a sua transformação e divulgação por meio de variantes ou versões, *d*) uma relativa uniformidade na estrutura e *e*) a sua participação na vida funcional da coletividade. Foi mínimo o resultado prático obtido com os temas de cerâmica e trançados – um sinal de que os folcloristas brasileiros têm se interessado mais por outros aspectos da vida popular que não aquele em que o povo se revela em toda a sua força, o trabalho produtivo. Foi aprovado o manual preparado por Edison Carneiro, *Pesquisa de folclore*. Uma das seções do Congresso foi dedicada ao folclore do

Paraná, com trabalhos muito sugestivos em torno da vida popular no Estado.

Ao encerrar-se o Congresso de Curitiba, toda a atenção dos folcloristas brasileiros se voltava para o Congresso Internacional de Folclore, aprazado para agosto de 1954, em São Paulo, a fim de discutir, principalmente, a questão do elemento tradicional do folclore, de certo modo posto em xeque pela Carta do Folclore Brasileiro, e a caracterização da música folclórica.

Em plano nacional, a CNFL teve outra importante tarefa a cumprir – a criação de um Departamento de Pesquisas, a fim de planejar e executar pesquisas de campo, na base da sua importância e oportunidade, nas regiões mais propícias do Brasil.

* * *

A atividade da CNFL teve efeitos salutares na mentalidade popular.

Formaram-se companhias teatrais para explorar temas folclóricos – e entre estas convém destacar o Teatro Popular Brasileiro, do poeta Solano Trindade, e o Ballet Folclórico, de Mercedes Batista, que se esforçam honestamente por levar à cena algo de genuíno. O cinema, especialmente depois da chegada de Cavalcanti, incluiu rápidas visões dos caiapós, das congadas e do bumba-meu-boi nos seus novos filmes. Artistas brasileiros e estrangeiros, e entre estes últimos Carybé, Lan e Kantor, documentaram com fidelidade vários aspectos da vida popular nacional. Revistas de larga circulação, como *O Cruzeiro* e *Manchete*, e órgãos de imprensa, como *Última Hora* e o *Diário de Notícias*, no Distrito Federal, o *Correio Paulistano* e *A Gazeta*, de São Paulo, abriram espaço para noticiário, reportagens e estudos sobre os mais diversos ângulos e setores do populário brasileiro. O francês Marcel Gautherot, já notável pelas suas excelentes fotografias de gentes e coisas do Brasil, está para publicar uma nova coleção de instantâneos de alguns dos nossos folguedos mais representativos – congadas, capoeira de Angola, bumba-meu-boi, maracatu, escola de samba...

Este acentuado interesse pelas atividades mais caracteristicamente nacionais do nosso povo foi, indubitavelmente, estimulado pelas múltiplas oportunidades criadas pela CNFL para a difusão do nosso populário – as comemorações anuais do Dia do Folclore (22 de agosto), as exposições de peças e material folclóricos em vários pontos do país, as Semanas e os Congressos de Folclore, a publicação de boletins e revistas, os cursos de folclore professados por figuras do porte de Renato Almeida, Rossini Tavares de Lima e Aires da Mata Machado Filho e, em geral, o trabalho de campo, inclusive gravação e filmagem, que cada dia atraem maior número de pessoas para a tarefa eminentemente nacional de preservação da nossa riqueza folclórica.

* * *

Todo o período que estamos examinando pode resumir-se numa simples frase – a formação e a qualificação de uma equipe nacional de folcloristas que está fazendo, mais do que o estudo e a interpretação, o levantamento das atividades populares que caem na categoria do folclore. E esta nova era surgiu e se processa sob a égide da CNFL. Naturalmente, o seu aparecimento coincidiu com o despertar da consciência nacional, traduzido na reconstitucionalização do país em bases democráticas regulares. O labor de Renato Almeida e dos seus companheiros da CNFL, desenvolvido em momento propício, criou, acima de um movimento, uma consciência folclórica, fadada a influir poderosamente na corrente popular de revalorização das coisas nacionais.

O FOLCLORE NO BRASIL*

Entre as ciências sociais consideradas neste Seminário da Unesco, o folclore não se faz representar. Esta omissão, estranha em si mesma, torna-se imperdoável em virtude da participação da Argentina, do Peru e sobretudo do Brasil, senhores de larga experiência nesse campo. Os relatórios nacionais nem sequer se referem a esta ciência, de que os países da América do Sul não puderam – e provavelmente não poderão – prescindir no entendimento dos seus múltiplos e variados problemas sociais.

O folclore continua a ser, entre todas as ciências sociais, aquela de mais larga e profunda repercussão no seio dos nossos povos – o mais poderoso atrativo para a especialização ulterior em sociologia, antropologia e psicologia social.

Não se justifica, pois, a ausência do folclore.

* * *

O caso do Brasil parece significativo.

Há alguns anos o folclore deixou de ser uma flor da literatura, um passatempo de eruditos em busca de assunto, para se fazer um instrumento de pesquisa social.

---

* Ver nota de Raul Lody no final do livro.

Datam de 1880, com a impressionante coleta de contos e poesia popular de Sílvio Romero, as primeiras tentativas de estudo científico do folclore. Nos cinqüenta anos que se seguiram, a ciência do popular atraiu figuras representativas da inteligência brasileira, como Pereira da Costa e João Ribeiro, mas por sua vez foi atraída para a filologia e a literatura. Embora nem sempre obedecessem às exigências da boa técnica, os trabalhos então publicados tendiam para o melhor conhecimento das artes, das tradições e das técnicas do nosso povo, das suas maneiras peculiares de sentir, pensar e agir.

Como reação contra esta inclinação para a filologia, Mário de Andrade, em São Paulo, inaugurou uma nova fase, a partir de 1930, com interesse principal na pesquisa de campo. Sob o seu comando realizou-se o mais vasto levantamento do folclore do Nordeste brasileiro. A música popular ocupava, com destaque, a atenção geral. Posteriormente a Mário de Andrade, mas ainda sob a orientação por ele traçada, a Discoteca Pública Municipal de São Paulo (Oneyda Alvarenga) instituiu prêmios anuais para monografias folclóricas, enquanto a Escola Nacional de Música (Luís Heitor) se empenhava em pesquisas de campo em Goiás e no Ceará. Em 1946, encerrando o período ilustrado por Mário de Andrade, funda-se em São Paulo o Centro de Pesquisas Folclóricas (Rossini Tavares de Lima), com alunos e ex-alunos da cadeira de Folclore Nacional do Conservatório Dramático e Musical de São Paulo.

Toda esta experiência preparou o caminho para um movimento nacional que, desde 1947, vem obtendo êxito no promover, estimular e enquadrar em moldes científicos o estudo e a pesquisa do folclore.

Trata-se da Comissão Nacional de Folclore, integrante do Instituto Brasileiro de Educação, Ciência e Cultura (IBECC).

Esta Comissão opera em âmbito nacional, com um total de 404 membros no Distrito Federal e nos estados. O trabalho individual, que de um modo ou de outro caracterizava o passado, está cedendo lugar, paulatinamente, ao trabalho em equipe, em virtude de encontros regionais e nacionais, e os estudos e pesquisas se revestem, cada vez mais, de seriedade científica, como resultado de um fecundo e amplo ajuste de pontos de vista. Assim, a esta altura do ano de 1956 – menos de nove anos depois da sua constituição –, a Comissão Nacional de Folclore pode apontar, a seu crédito, as seguintes realizações:

– Quatro Semanas de Folclore, reunidas no Distrito Federal (1948), em São Paulo (1949), em Porto Alegre (1950) e em Maceió (1952).

– Dois Congressos nacionais, um no Distrito Federal (1951), outro em Curitiba (1953).

– Um Congresso Internacional de Folclore, com a participação de 32 países, da Unesco, da Organização dos Estados Americanos (OEA) e de grupos culturais brasileiros, completado por uma Exposição de Artes e Técnicas Populares, em que se representaram 11 países da América, e um Festival Folclórico Nacional, em São Paulo (1954).

– Cursos de teoria e pesquisa de folclore em vários estados e no Distrito Federal e especialmente o curso professado por Oracy Nogueira, em São Paulo, de introdução à pesquisa social.

– Uma boa soma de pesquisas de campo de primeira ordem, devidas, entre outros, a Théo Brandão (Alagoas), Rossini Tavares de Lima (São Paulo), José Loureiro Fernandes (Paraná) e Osvaldo Cabral (Santa Catarina).

– Publicação em livro do material apresentado à discussão nas Semanas de Folclore e no Congresso de 1951, o deste já no terceiro volume, além da publicação, em São Paulo, Vitória e Florianópolis, de revistas especializadas, a cargo das Comissões locais.

– Convênios assinados, através do IBECC, com Estados e municípios visando à coleta, pesquisa e proteção do folclore nacional.

– Instalação de um museu folclórico no Distrito Federal, com um segundo em processo de organização em São Paulo.

O dinamismo da Comissão Nacional de Folclore, que estas realizações exprimem, tem se refletido favoravelmente na vida intelectual do país – na ciência, na literatura, nas artes, e entre estas especialmente no teatro e no cinema. Entre as iniciativas mais recentes, no sentido de ampliar as bases de estudo, podemos apontar o pequeno manual (*Pesquisa de folclore*) que me coube escrever, o levantamento do calendário folclórico brasileiro, já em entendimentos com o IBGE, e o planejamento de uma pesquisa-piloto a ser empreendida em breve no Distrito Federal. Pode, finalmente, a Comissão Nacional de Folclore vangloriar-se de dois grandes êxitos científicos de importância internacional: a) a Carta do Folclore Brasileiro, resultante do Congresso de 1951, que, por suscitar acaloradas discussões em todo o mundo, deu ensejo ao Congresso Internacional de São Paulo, e b) a resolução sobre música popular, consubstanciando a tese brasileira, tomada pelo International Folk Music Council, reunido como uma das Comissões do Congresso Internacional.

* * *

Não conseguimos ainda, por motivos que não vale a pena enumerar, oficializar o ensino do folclore, como disciplina independente, em nível universitário, exceto em conservatórios e escolas de música. Os dados desta ciência estão sendo utilizados, em escala sempre crescente, pelos nossos sociólogos, antropólogos e psicólogos, e é certo que muitos deles chegam às ciências sociais levados pelo seu primeiro interesse naquelas manifestações específicas do povo a que damos o nome de folclore. O vasto contato de culturas que se processa no país exigirá, mais cedo ou mais tarde, a criação desta cadeira nas universidades nacionais, a fim de tornar possível a compreensão de certas modalidades especiais de comportamento social.

* * *

A experiência brasileira no campo da ciência do folclore tem a sua contraparte em outras nações da América do Sul. Em algumas delas, há mesmo cadeiras independentes de folclore nas universidades. Como justificar, pois, a omissão do folclore neste Seminário? Como desprezar tão valioso instrumento de pesquisa social?

Negros bantos

SAMBA-DE-RODA*

Ao batuque de Angola chama-se, na Bahia, *samba* ou *samba-de-roda*. Há ainda denominações regionais, como *samba batido*, na capital, *corta-jaca*, na capital e arredores, *corrido*, no Mar Grande (Itaparica), etc.

O samba-de-roda parece uma dança rural, que se realizava nos engenhos e fazendas do Recôncavo, mas que há muitos anos está em processo de urbanização. Manuel Querino já se refere ao samba a propósito da festa do Bonfim, nos fins do século passado. E, em verdade, na Ribeira, na Conceição da Praia e no Largo da Piedade, desde então não faltaram as rodas de samba. O Largo da Piedade – até 1930 uma agradável aberta, com altas e copadas árvores, tendo ao centro um chafariz – era o refúgio do samba, por ocasião do carnaval, e ficou mesmo célebre numa espécie de aviso popular:

> Quem quisé me vê
> vá na Piedade amanhã.

A roda de samba forma-se com qualquer número de pessoas, homens e mulheres. A orquestra geralmente se compõe de pandeiro, violão e chocalho ou simplesmente pandeiro e um prato de cozinha,

---
* Ver nota de Raul Lody no final do livro.

arranhado por uma faca. Este último tipo de orquestra tende a predominar, tanto por ser mais fácil de obter como devido à natureza eventual da dança. O canto parte, habitualmente, do tocador de pandeiro ou de prato. Um dos presentes inicia o samba, dançando, sozinho, no meio da roda, por alguns minutos, depois do que, fazendo mesuras, meneios de corpo e arremedos de ataque com as pernas, provoca outra pessoa a substituí-lo, com a *umbigada* – ora a união dos ventres, ora um leve toque com a perna, ora um convite mímico à dança. A pessoa visada não pode escapar, sob pena de ficar *prenha*, e deve dançar ou passar adiante a vez. Se a orquestra pára no momento exato em que a pessoa começa a dançar, também se fala em *prenhez*. Quando os homens, por brincadeira, *emprenham* seguidamente as mulheres, estas tomam a iniciativa do canto, para protestar:

> Alevanta, muié, com a roda,
> que homem não sabe corrê.

O samba requer agilidade e graça do dançarino, especialmente nas pernas e nos pés. Os passos do samba já estão consagrados. São apenas três – o *corta-a-jaca*, o *separa-o-visgo* e o *apanha-o-bago*. Não há samba que não possa ser dançado com este conjunto de passos. A estes, as mulheres acrescentam uma faceirice, o passo *miudinho*, em que os pés mal se movem para avançar ou recuar,

> De-vagá, miudinho...
> – Miudinho só!

ou então

> Miudinho...
> – De-vagá lô!

Em geral, o samba-de-roda se reduz a uma frase de solo e uma frase de coro. Às vezes, o solo é mais rico, pois há uma série de versos tradicionalmente ligados ao samba, mas a variedade do solo depende da iniciativa do cantor. Um exemplo do caso mais geral encontramos neste samba do Mar Grande:

> As minina de lá são pimentá...
>   – Vamo sambá lá no Calolé!
> As minina de lá são pimentão...
>   – Vamo sambá lá no Calolé!
> As minina de lá são cebolá...
>   – Vamo sambá lá no Calolé!
> As minina de lá são cebolão...
>   – Vamo sambá lá no Calolé!

Mais significativos ainda são os seguintes:

> 1) Mulata de ouro, eu vô lá!
>   – Eh, eh, eh, ah!
> 2) Samba no cais...
>   – Pindaíba!
> 3) Segure o coco, seo Mané,
>   segure o coco
>   – que o coco vai cair!
> 4) Severo é bom, ele é bom rapaz!
>   Severo é bom, ele é bom demais!
> 5) Eu não sô daqui, sô de fora!
>   Pinto o Simão aqui, vou-m'embora!
> 6) É-vem o padre...
>   – Pra casá vocês dois!
> 7) Só não vô pr'as Candeia
>   – Só se Deus não quisé!
> 8) Por mim não, barbuleta...
>   – Você pode avuá!
> 9) Formiga miúda mordeu meu pé!
> 10) Farinha fina é de mesá!

Por volta de 1946-47, esteve muito em voga na capital um samba deste tipo:

> Minha vaca Laranjinha,
> seu bezerro qué mamá...
> Ô, qué mamá...
> – Qué mamá, ô, berrô!

São da capital, com a mesma circunstância de se repetirem indefinidamente, estes sambas:

> 1) Vô te dá, ô baiana.
>   uma figa de Guiné!
> 2) Ferida de amô
>   faz chorá...

Não escapa à regra este outro, do Mar Grande:

> Ind'hoje tenho saudade
>   – ô saudade!
> tenho saudade,
> saudade do meu amô!

Há toda uma série de sambas da canoa, envolvidos na possibilidade de naufrágio, de que pode servir de exemplo o seguinte, talvez o mais conhecido de todos:

> Ai, canoa!
> Não me jogue na coroa!

O solo é mais variado, e dependendo do cantor pode tornar-se extremamente rico, nos sambas seguintes, dois da capital, o último do Mar Grande:

1) Ai, eu caio n'água!
   – Ô siriri!
   A maré me leva...
   – Ô siriri!
   O peixe me come...
   – Ô siriri!
2) A barra do dia é-vem...
   Já sinto o calô do dia...
   Amô vai embora...
   – olelê, quem bate aí?
3) Quand'eu vejo mulé magra
   trabaiá a semana intera,
   quando chega segunda-fera
   procura as *cadera*...
   – Não acha!
   procura as *cadera*...
   – Cadê elas?
   Procura as *cadera*...
   – Fugiu!

Note-se que, no último destes sambas, até mesmo o coro varia.

No Mar Grande, intercalam-se quadras, e às vezes cantigas inteiras, ao samba, que passa a fazer de estribilho. Por exemplo, o samba

Ói eu, minha frô!
Ó eu minha fulô!

vem acompanhado por quadras populares como estas:

Minina, minha minina,
olhos de pedra redonda,
daquela pedra mais fina
ond'o mar combate as onda

> Minina, minha minina,
> Olhos de pedra amarela!
> Se não vencê os teus olhos,
> toda vida terei pena...

O canto e a dança adquirem grande riqueza de colorido em sambas mais especiais, em que a improvisação do cantor, a mímica ou o movimento das ancas do dançarino são quase tudo. Estes sambas se realizam, em geral, quando o grupo tem mais unidade, por laços de família ou de amizade, e raramente em festas públicas. Pertencem a este tipo os sambas seguintes:

> 1) O que é que Maria tem?
> – Tá doente!

Enquanto o coro repete estes dois versos, o cantador vai improvisando, de acordo com a sua fantasia,

> Maria não vai na fonte...
> Ô que dô no braço...
> Maria não vai na lenha...
> Ô que dô na perna...
> Maria não bota água...

e fazendo a gesticulação correspondente.

> 2) Ô mulé do balaio grande!
> – Bom balaio!

Este samba, de grande malícia, é como um concurso, para saber qual das mulheres *mexe* melhor as ancas. O solo muda à vontade do cantador, mas já há exclamações mais ou menos conhecidas, como estas:

> Ó mulé do balaio movidinho!
> Ô que balaião!
> Ô balaio de costura!
> Ô que balainho!
> Ô balaio de pão!
> Ô mulé do balaio pequenino!
> Ô mulé do balaio mais-ou-menos!

Naturalmente, o solo tem de corresponder às características do *balaio* da dançarina.

> 3) Quem não *bole* não ganha...
> – Diz-que-bole-bole!

A situação é a mesma do samba precedente, com a circunstância de os espectadores e participantes angariarem dinheiro entre si para a dançarina vitoriosa. O solo, cantado pela dançarina, insiste nisso:

> Vô *boli* pra ganhá...
> Já ganhei um vintém...
> Já ganhei um tostão...

O que *bole*, é óbvio, são as ancas da mulher.

> 4) Você viu a chave?
> – Cadê a chave, nega?

O dançarino canta o solo, perguntando a todos pelo destino da chave, procurando-a, desesperando-se, com exclamações e promessas. Alguém coloca uma chave no centro da roda, mas, até o momento final, o dançarino faz que não a vê, enquanto tira o solo:

> Eu perdi a chave,
> a chave do baú

> Ai! meu pai me mata
> se eu não achá essa chave!
> A chave do ouro
> com corrente de prata!
> Ai, meu São Crispim!
> A chave de prata!
> Cadê essa chave,
> meu Sinhô do Bonfim?
> Eu perdi aqui
> Ai, meu Deus do céu,
> o que será de mim?

Afinal, o dançarino *encontra* a chave e se alegra, rematando o samba:

> Ói ela aqui!
> Graças a Deus!

Este samba também se realiza à moda de concurso, para ver quem melhor *encontra* a chave.

Tudo faz crer que estes sambas de tipo especial sejam recentes, produto da vida urbana. Falta-lhes mesmo a *umbigada* que caracteriza o samba mais antigo, rural, legado do negro de Angola.

* * *

Em alguns sambas há ainda reminiscências da escravidão, que estão desaparecendo rapidamente em virtude da urbanização dessa dança rural. Martiniano do Bonfim, velho babalaô da Bahia, me comunicou o seguinte samba, que deve ser contemporâneo da escravidão, quando as senhoras mandavam as suas negras vender guloseimas nas ruas da cidade:

> Sinhá mandô eu vendê
>   — olelê

(mas não qué que eu merque não)
bolinhos,
mas não é da ronda-ê,
queimadinhos também

Olh'a nega cativa
que vai em fonção
Correia que fala
quand'é ocasião...

Olelê, meu Sinhô Deus-Menino!
Vala-me Deus do meu coração!

Este samba era muito popular na Bahia, nos fins do século passado. Parece corresponder à fase final da escravidão, quando até mesmo os senhores mais ricos tiveram de valer-se da negra *de ganho* para poder manter as aparências do antigo fausto. Por isto a negra não devia apregoar a sua mercadoria, por isto a *correia* falava na ocasião própria...

Muito conhecido, e parece que até utilizado já por compositores de música popular, é este outro samba, registrado por Sosígenes Costa, poeta da Bahia:

– Nega Lourença, quem te deu este cordão?
Nega Lourença, quem te deu este cordão?
– Foi um moço branco lá do Taboão
Meu sinhô, meu sinhô,
não me dê bolo não
Eu roubei seu ouro
foi por percisão.

Este samba da Bahia, atual,

Uma vorta só
meu sinhô mandô dá!

pode enquadrar-se entre os sambas da escravidão. O dançarino só dá mesmo uma volta, retornando à sua posição anterior.

Ou este ainda, que lembra o trabalho escravo nos canaviais e nos engenhos do Recôncavo:

> Toca fogo na cana...
> – No canaviá
> Quero vê laborá...
> – No canaviá
> Olh'a cana madura...
> – No canaviá
> Ela é verde, é madura...
> – No canaviá
> Para fazê raspadura...
> – No canaviá
> O moinho pegou fogo...
> – No canaviá
> Queimô o melado...
> – No canaviá.

O samba foi registrado no Mar Grande – desde Manguinhos até a Gamboa – a distância bem regular da zona canavieira do estado.

* * *

Nem sempre o dançarino samba sozinho. Houve, outrora, uma espécie de samba, que já não encontrei na Bahia, chamada *batebaú*. A dança era de pares e tinha esse nome porque, ritmadamente, os dançarinos davam-se *umbigadas* unindo os baixos-ventres, o busto inclinado para trás e as pernas arqueadas, o que produzia um ruído igual ao de uma caixa de madeira que se fecha. Aproxima-se a *umbigada*, nesta forma, da que caracteriza o *batuque* de São Paulo. E, em rodas de samba no Mar Grande, algumas vezes sambam duas pessoas ao mesmo tempo, como acontece no *partido-alto* das escolas de samba do Rio de Janeiro.

* * *

O samba é essencialmente uma diversão ao ar livre – e qualquer pessoa, desde que convidada por uma *umbigada*, pode participar dele. Em geral, a roda de samba tem lugar nas festas de largo da Bahia – na Ribeira, na Segunda-Feira do Bonfim, no Terreiro, durante o carnaval, na Conceição da Praia, durante a novena da Senhora da Conceição. Uma embolada do Mar Grande salienta, porém, as dificuldades que o samba encontra:

> A gente qué sambá,
> mas a poliça contrareia...

Fora destes dias de festa, o samba assume aspectos familiares, realizando-se apenas em ambiente particular, nos bairros mais pobres da Bahia.

CAPOEIRA DE ANGOLA*

Os capoeiras da Bahia denominam o seu jogo de *vadiação* – e não passa disto a capoeira, tal como se realiza nas festas populares da cidade. Os jogadores se divertem, fingindo lutar, como nesta advertência bem conhecida:

> No jogo da capoera,
> quem não joga mais apanha!

Nem sempre terá sido assim. Nos meados do século XIX, por exemplo, o governo da província, para se ver livre dos capoeiras, recrutou-os para a Guerra do Paraguai, onde, aliás, se distinguiram por bravura. Manuel Querino escreveu que o capoeira se destacava entre os demais negros por trazer uma "argolinha de oiro na orelha, como insígnia de força e valentia, e o nunca esquecido chapéu à banda". O teatro das suas atividades era sempre o bairro da Sé, e especialmente o Terreiro, sendo o Domingo de Ramos e o Sábado da Aleluia os dias preferidos para o *brinquedo*. Famoso e considerado insuperável foi o capoeira Besouro, de Santo Amaro, também conhecido pela alcunha de Mangangá, que freqüenta as canções do jogo, sempre louvado pelos seus continuadores.

---
* Ver nota de Raul Lody no final do livro.

Os capoeiras distinguem várias modalidades na *vadiação* – pelo jeito de jogar, pela música, pela disposição dos jogadores. Assim, temos
1 – Capoeira de Angola
2 – Angolinha
3 – São Bento Grande
4 – São Bento Pequeno
5 – Jogo de dentro
6 – Jogo de fora
7 – Santa Maria
8 – Conceição da Praia
9 – Assalva Sinhô do Bonfim
– nove modalidades de capoeira, das quais a segunda é simples variação da primeira; a terceira e a quarta, por um lado, e a quinta e a sexta, por outro, são na verdade a mesma coisa... Algumas destas modalidades diferem das demais até mesmo pela maneira de tocar o berimbau.

Estudemos a capoeira chamada de Angola.

Forma-se a roda com orquestra de berimbaus, pandeiros e chocalhos, mas o berimbau, instrumento angolense de som especial, que caracteriza a capoeira, é o único imprescindível. Um par de jogadores entra na roda e vai agachar-se diante dos músicos. Os dois capoeiras, a partir desse momento, não podem falar – e ali ficam, agachados, enquanto os companheiros cantam:

> Tava no pé da Cruz
> fazendo a minh'oração,
> quando chega Catarino,
> feito a pintura do cão
> Ê ê Aroandê!
> Iaiá, vamos embora,
> iaiá, pelo mar afora!
> É faca de ponta,
> iaiá, é de furá

> Iaiá, joga pra cá,
> iaiá, joga pra lá
> Ê ê viva meu mestre,
> iaiá, que me ensinô
> ioiô, a malandrage,
> iaiá, a capoeirage!
> Iaiá, vorta do mundo,
> ioiô, que o mundo dá!

Os versos podem variar, mas sempre chegam à *vorta do mundo*, que é o sinal para começar o jogo.

Os capoeiras dão a esse momento de espera o nome de *preceito*, mas os espectadores se habituaram a dizer que os jogadores estão *rezando* ou *esperando o santo*.

Depois da *vorta do mundo*, os capoeiras percorrem a marche-marche a roda – e o primeiro movimento de ataque parte daquele que se encontra à frente. O jogo solicita todo o corpo, mas especialmente as pernas e os pés. As mãos apenas equilibram o corpo, exceto no *golpe de pescoço* (tronco), no *dedo nos olhos* e nos *balões*, quando sustentam o corpo do adversário a fim de atirá-lo, por cima da cabeça, para trás. As pernas, em que parece concentrar-se a agilidade máxima do capoeira, golpeiam na *rasteira*, e no *rabo-de-arraia* – a primeira uma simples *raspa* a fim de deslocar um dos pés do contendor; o segundo um golpe mais rude, pois o capoeira, com as mãos no chão, descreve um semicírculo com as pernas entesadas a fim de alcançar o companheiro e fazê-lo cair, desamparado, ao solo –, na *bananeira*, na *meia-lua*, na *tesoura*, na *chapa de pé* e na *chibata*, o pé caindo do alto, num arco de 45 graus. A *cabeçada* e o *aú*, salto mortal, exigem toda a atenção, no ataque e na defesa. Como, em geral, a capoeira não passa de uma *vadiação*, muitos golpes são proibidos, e especialmente os que atingem os rins, o coração, o estômago, o ouvido, os escrotos, os olhos. Se, porém, a competição é *à vera*, naturalmente todos os golpes valem. Os capoeiras treinam, ocasionalmente, com facas.

As canções da capoeira são fáceis, como estas, muito conhecidas na Bahia,

    1) Zum-zum-zum
       capoera mata um!
    2) Menin' pequeno é dengoso!
       Joga de dentro pra fora!
       Joga de fora pra dentro!
    3) Tiririca é faca de cortá.
       Prepar'a barriga pr'apanhá!
    4) Camarada, bota sentido!
       Capoera vai te batê...

ou estas, mais recentes, colhidas por mim:

    1) Ê aquindèrreis!
       Ê Aroandê!
       Que vai fazê
       com capoera?
       Ele é mandinguero
       e sabe jogá...
    2) Dona Maria, como vai você?
       Vim de má para te vê.
       Você como passô?
    3) Como vem de má,
       dona Margarida?
    4) Ô goma de gomá!
       Ô goma de gomô!
       O galo cantô
       ô cocorocô...

São da variedade São Bento os seguintes:

    1) Ói que a cobra lhe morde
       – Sinhô São Bento!

>   Ói a cobra danada
>   – Sinhô São Bento!
>   Ói o bote da cobra
>   – Sinhô São Bento!
>   Ói o laço da cobra
>   – Sinhô São Bento!
>   2) Cobra mordeu São Bento
>   – Caetano!

Há, nos candomblés de caboclo, cânticos semelhantes a estes, em homenagem ao Santo da Cobra.

Os capoeiras também cantam *chulas*, entrecortadas por estribilhos, como neste exemplo:

>   *Cai, cai, Catarina,*
>   *sarta de má, vem vê Dalina.*

Quem te ensinô essa mandinga?
– Foi o nego sinhá
O nego custô dinhero,
dinhero custô ganhá

>   *Cai, cai, Catarina,*
>   *sarta de má, vem vê Dalina.*

Amanhã é dia santo,
dia de Corpo de Deus
Quem tem roupa vai na missa,
quem não tem faz como eu

>   *Cai, cai, Catarina,*
>   *sarta de má, vem vê Dalina.*

Minino, quem foi teu mestre?
Quem te ensinô a jogá?
– Sô discip'o que aprendo

Meu mestre foi Mangangá
Na roda que ele esteve,
outro mestre lá não há

Cai, cai, Catarina,
sarta de má, vem vê Dalina.

As canções da capoeira aproveitam muitas quadras populares, intercalando-as de acordo com a necessidade e fantasia do cantor. Estas são mais comuns:

1) Desidério de Sauípe
    – ô cabra pra amarrá! –
    quand'dá um nó escond'a ponta,
    não há quem possa desatá
2) No tempo qu'eu tinha meu dinhero
    camarada me chamava parente;
    quando meu dinhero se acabô
    camarada me chamô valente
3) Vamos no mangue,
    lá tem caranguejo
    Vamos na cama,
    lá tem percevejo...
4) Quem quisé peixe gelado
    vá na Praia da Preguiça
    O 19 tá acabando
    co'os sordado da Poliça
5) Amanhã é dia santo,
    vou-m'embora pro sertão
    Candiero de dois bico
    não lumeia dois salão

(O 19 é o 19º. Batalhão de Caçadores do Exército Nacional, com sede na Bahia.)

Fora disto, há apenas exclamações, eventualmente, para acompanhar os berimbaus e os pandeiros:

> Ê rua de Baixo!
> Ê Morro de São Paulo!
> Ê Rio de Janeiro!
> Ê água de bebê, camarada!

ou observações úteis para os incautos e para os gabolas:

> Brincá com capoera?
> Ele é bicho farso...

O solo geralmente se remata com uma exclamação – *camarada!* – e alude a figuras famosas do jogo de Angola na Bahia, como Antônio Pequenino, Pedro Porreta e Mangangá. Muitas vezes, porém, o solo se resume a sílabas sem sentido – *ha-ha-ha-hai, lê-lê, lai-lai...*

Os pontos preferidos para a *vadiação* dos capoeiras são a Boa Viagem, no Ano Bom, a Ribeira, na Segunda-Feira do Bonfim, o Terreiro, no carnaval, e o Mercado Modelo, durante a festa da Senhora da Conceição, mas os "moleques de sinhá", solicitados de quase todos os bairros pobres e dos subúrbios, estão sempre se exercitando, amistosamente, aos domingos, em algum ponto da cidade.

O capoeira Bimba tornou-se famoso por haver criado uma escola, à rua das Laranjeiras, em que treina atletas no que apelidou de *luta regional baiana*, mistura de capoeira com jiu-jitsu, box e catch. A capoeira popular, folclórica, legado do Angola, nada tem a ver com a escola de Bimba.

Os grandes capoeiras da Bahia eram, até há poucos anos, o pescador Samuel Querido de Deus e o estivador Maré, ambos da capital, e Siri do Mangue, de Santo Amaro. Outros capoeiras conhecidos eram o "capitão" Aberrê, Juvenal, Polu, Onça Preta, Barbosa, Zeppelin... Alguns dos seus discípulos, emigrados para o Rio de Janeiro, estão tentando continuar a *vadiação* em terras cariocas.

BATUQUE*

O jogo que, na Bahia, tomou o nome de *batuque* é a mesma *pernada* do Rio de Janeiro. Legado do Angola, esse jogo foi expulso da capital, existindo agora, apenas, em pequenas localidades dos municípios de Cachoeira e de Santo Amaro, no Recôncavo.

No romance *O Alambique* (1934), Clóvis Amorim descreve, rapidamente, o jogo, tal como o observou no interior de Cachoeira:

"Organizaram um batuque-boi na porta do vaqueiro... Zé Costa foi o escolhido para ser o mandão. Tomou do berimbau e iniciou o comando.

– Vamo vê o pá primeiro.

Caiçara, um agregado da Cabonha, e o foguista novato pularam na roda. Costa gritou:

– S'aperpare.

O foguista juntou as pernas, firmou-se e, batendo as mãos espalmadas nas coxas, avisou:

– Carro no toco.

Caiçara, ligeiro, deu-lhe várias pernadas, passando a primeira, a segunda e a terceira *raspa*, fazendo o possível para derrubá-lo. O foguista resistia. Bambeava e não caía. Palmas. A torcida se manifestava:

---

* Ver nota de Raul Lody no final do livro.

– Eta, caboco bão!
– Mourão de cancela!
Zé Costa batia o berimbau:
– Óia o eixo.
Caiçara ficou de pé. Juntou as coxas, prevenindo:
– Ferrão no boi.
O foguista, mais sagaz, logo na primeira *raspa* deu com Caiçara no chão. O berimbau parou. O foguista, zombeteiro, chuetava:
– Ecô! Levanta, boi!
Costa anunciou a vitória:

> Pica-pau de mato grosso
> tem catinga no sovaco.
> De dia pica no pau,
> de noite no teu buraco.
> Batuqueiro, berimbau.
> mete essas perna num saco.

As ovações estrugiram, aclamando o vencedor…"

Era com orquestra semelhante à da capoeira que se realizava o batuque na Bahia – berimbau, pandeiro, ganzá – e entre as grandes figuras do jogo sobressaíam os descendentes do negro de Angola. O velho Macário, carregador, ex-batuqueiro, conheceu muitos deles – Angolinha, de Santo Antônio d'Além do Carmo, Fulô Labatu, de Sant'Ana, Bexiga Braba, de São Pedro, Marcolino Moura, da Sé, Simplício Grande, da Vitória, Cassiano Balão, do Rio Vermelho, Eduardo Branco, de Itapagipe, e Alfredo Estrelinha, de Nazaré… As rodas de batuque realizavam-se aos domingos e nos dias de festa pública, no Natal, no Ano-Bom, no dia de Reis, no carnaval, no Dois de Julho, especialmente no Terreiro, no Largo da Piedade, na Ribeira, e quase sempre terminavam em conflito, bofetadas, pauladas, facadas… A intervenção da polícia eliminou os batuqueiros e expulsou o batuque para o interior.

Das canções do batuque restam algumas:

1) Mata m'embora,
ê-ê...
Cada um tira o seu,
vai-s'embora!
2) É de um a um, crioulá...
É de dois a dois, crioulá...
É de três a três, crioulá...
É de quatro a quatro, crioulá...
3) Nega, ti [que] vende aí?
– É arroz de Maranhão.
Meu sinhô mandou vendê
na cova de Salamão...
4) Tiririca é faca de cortá.
Não me corta, moleque de sinhá!
5) Aroandê,
'caba de morrê...

A competição mobilizava um par de jogadores de cada vez. Estes, dado o sinal, uniam as pernas firmemente, tendo o cuidado de resguardar os órgãos sexuais. Havia golpes, como a *encruzilhada*, em que o atacante atirava as duas pernas contra as pernas do adversário, a *coxa lisa*, em que o jogador golpeava coxa contra coxa, acrescentando ao golpe uma *raspa*, e o *baú*, quando as coxas do atacante davam um forte solavanco nas do adversário, bem de frente. Todo o esforço dos jogadores concentrava-se em ficar de pé, sem cair. Se, perdendo o equilíbrio, tombasse, o jogador teria irremediavelmente perdido. Era comum, por isso, ficarem os batuqueiros em *banda solta*, equilibrados numa única perna, a outra no ar, tentando voltar à posição primitiva.

Todo capoeira joga batuque, mas, como jogo independente, o batuque já não existe na Bahia.

O TESTAMENTO DO BOI*

O auto da morte e da ressurreição do boi, mais conhecido como *bumba-meu-boi*, já se realizou na capital, mas agora só é encontrável em alguns pontos do Recôncavo e do litoral da Bahia. Em 1937, na Segunda-Feira do Bonfim, na Ribeira, voltou a aparecer o terno do boi, trazendo no estandarte vermelho a inscrição *Viva o boi Janeiro!* Do auto ficou, na memória popular, na Bahia, apenas a seguinte quadra:

> O meu boi morreu
> Que será da vaca?
> Cinza com limão
>   – ô maninha!
> tira urucubaca.

O número de figurantes é reduzido e a representação se reveste de extrema simplicidade – apenas a morte, a lamentação e o ressurgimento do boi –, a que não falta uma peça em versos, o *testamento*, a divisão do animal por presentes e ausentes.

O boi Estrela, do Mar Grande, pode servir de exemplo.

Compõem o grupo, além do boi, o Vaqueiro, que veste um saiote de folhas secas e fala de modo extraordinário, como um negro

---

* Ver nota de Raul Lody no final do livro.

africano com poucos dias na terra; o Mestre, que dirige o canto; a porta-estandarte e as "pastoras", cinco ou seis mulheres que formam o coro. Outras vezes há mais o Dono do Boi.

O rancho pára à porta das casas, cantando:

> Ô dono da casa,
> abri o seu terrero,
> pra meu boi brincá
>   – olô! olô!
> com seu Vaquero!

Este é o sinal para o início de uma série de canções, durante as quais o boi e o Vaqueiro dançam no círculo formado pelos comparsas. A certa altura da dança, animado pelos gritos de *Eh, boi! Eh, boi!*, o boi Estrela atira sucessivas marradas no Vaqueiro, que, caindo, volteando, correndo, sempre consegue livrar-se, até atingi-lo com o ferrão. O boi Estrela morre. O canto muda de repente:

> Valei-me, Jesus!
>   – Maravia!
> Que de mim será?
>   – Maravia!
> Mataro meu boi,
>   – Maravia!
> não quere me pagá!
>   – Maravia!

O Mestre faz o solo, enquanto as "pastoras" respondem, depois de cada verso, *Maravia!*

> O meu boi morreu
> Quem foi que matô?
> – Foi a carrocinha
> do governadô

> Quem matô meu boi
> passô por aqui
> Vô mandá ver outro
> lá no Piauí
>
> O meu boi morreu
> Que de mim será?
> Mandá ver o doutô
> par'alevantá.

O Vaqueiro não cessa de dançar, fazendo graças, em torno do boi Estrela. O animal está imóvel. O Mestre inicia o *testamento* do boi:

> Mandêr'um bilhete
> a seo capitão,
> cobrando o dinhero
> do peso do colchão.

O Mestre continua a repartição do boi, sempre do mesmo modo, mandando bilhetes. Para *seo* Vicente, a chã-de-dentro; para *seo* coroné, o peso do filé; para *seo* José, o peso do pé; para os homens da roça, a tripa mais grossa; para "aquelas" meninas, a tripa mais fina; para dona Dodó, o peso do mocotó... Até que nada reste do boi.

O Vaqueiro, sempre a fazer graças, pondo o prefixo *des* em quase todas as palavras – o *desboi*, a *destrazera*, a *descoisa*, etc. –, descobre, afinal, que o boi se mexe. Espeta-lhe o focinho, puxa-lhe o rabo. O boi está vivo. O Mestre *tira o* canto, folgazão:

> Levanta, meu boi,
> pra comê capim...

O boi levanta e dança, para a alegria geral, perseguindo o Vaqueiro.

O auto se representa com esta mesma simplicidade em outros pontos do estado. Somente em Ilhéus faz parte do rancho do boi Treme-Terra uma figura estranha, Turubibita, que a meninada apelida de Cebola Branca,

> Minha Turubibita
> veio do Chafariz
> Caiu no chão,
> quebrô o nariz...

– uma máscara cheia de palha ou pano equilibrada no alto de paus em cruz, recobertos por um camisolão de urucubaca. Esta figura corresponde ao Babau do *bumba-meu-boi* pernambucano e à bernunça do *boi-de-mamão* catarinense. Ao ouvir os gritos de *Cebola Branca!*, Turubibita arremete contra a garotada, provocando correrias.

O *testamento* do boi Maravia, Fulô de Natá, de Santo Amaro, reparte o animal do seguinte modo:

> O colchão
> é de meu patrão
>
> O filé
> é de seo coroné
>
> A carne da rabada
> é da rapaziada
>
> A tripa lavada
> é da muié casada
>
> A tripa escorrida
> é da muié parida
>
> A tripa gaitera
> é das moça sortera

O peso do bofe,
é do véio Teofe

A fuçura
é do véio Ventura

Os dois mocotó
eu não vendo nem dô:
— é dois de vovó
e dois de vovô.

Há, em Belmonte, três ranchos do boi – o boi Duro, o boi Mole e o boi Espaço. O *testamento* do boi Duro, embora semelhante aos outros, tem a mais uma introdução e um estribilho:

Pedi um vintém,
iaiá, me dê dois,
pra comprá de fita
pra laçá meu boi

Ô iaiá, meu boi te dá
Levanta, Janero, vamo vadiá

A tripa fina
é das minina.

Ô iaiá, meu boi te dá

A tripa grossa
é da muié da roça.

Ô iaiá, meu boi te dá

A tripa cagaitera
é da muié sortera.

Ô iaiá, meu boi te dá

A rabada
é da rapaziada.

Ô iaiá, meu boi te dá

    O auto do boi pertence, na Bahia, ao ciclo das janeiras, tendo lugar, na véspera dos Reis, a primeira representação de todos os ranchos.

O Congresso Internacional de Folclore

A CONCEITUAÇÃO DO
FENÔMENO FOLCLÓRICO

Se o Congresso Internacional de Folclore não constituiu um êxito completo para os pontos de vista brasileiros, devemo-lo tanto a manobras de última hora de alguns delegados estrangeiros como à falta de coordenação e de vigilância da delegação nacional. Este Congresso, com certeza o ponto mais alto das comemorações do IV Centenário de São Paulo, foi convocado por uma circunstância muito especial, que nós, brasileiros, não tínhamos o direito de esquecer, mas esquecemos, durante a memorável semana de 16 a 22 de agosto de 1954. Três anos antes havíamos reunido, no Rio de Janeiro, o I Congresso Brasileiro de Folclore e estabelecido uma caracterização do fenômeno folclórico que, consolidada na Carta do Folclore Brasileiro, foi considerada no estrangeiro revolucionária e até mesmo herética. A sua formulação se deve, por igual, a Joaquim Ribeiro e a Rossini Tavares de Lima. Foi para verificar até que ponto era aceitável aos folcloristas de todo o mundo a nossa concepção dinâmica do fenômeno folclórico que, vencendo todos os sacrifícios, e fazendo prova de dedicação inexcedível, Renato Almeida mais uma vez mobilizou a Comissão Nacional de Folclore para o Congresso Internacional e para a Exposição de Artes e Técnicas Populares e promoveu o desfile de grupos folclóricos que encantou toda uma noite do Ibirapuera. Este era o nosso ponto de honra – e cabia-nos defendê-lo com todo o ardor de que somos capazes.

Era do nosso especial interesse, entre os demais pontos do temário, demarcar, ajudados por especialistas estrangeiros, as linhas divisórias entre a música popular e a música folclórica e tentar uma caracterização desta última. Renato Almeida já o havia ensaiado, em artigo de 1949, e Rossini Tavares de Lima conseguira a aprovação de uma resolução sua, mais concreta, durante o II Congresso Brasileiro de Folclore, reunido em Curitiba em 1953. Para esta discussão, obteve Renato Almeida que a Conferência Anual do International Folk Musie Council tivesse lugar em São Paulo, conjuntamente com o Congresso, como uma das suas comissões.

A tese brasileira em relação à música folclórica foi apresentada e defendida por Oneyda Alvarenga. Embora a divergência, no seio do IFMC, fosse bastante acentuada, os especialistas que tratavam a questão puderam felizmente chegar a acordo em torno de uma resolução que em mais de 95% concorda com o ponto de vista nacional, que Oneyda Alvarenga, distinguindo-se pelo seu senso de responsabilidade entre os delegados brasileiros, sustentou com brilhantismo e tenacidade elogiáveis. Esta esplêndida vitória lhe devemos. Pena que a delegação brasileira não tivesse tomado o exemplo de Oneyda Alvarenga em relação ao problema, mais importante para o Brasil, da caracterização do fenômeno folclórico.

Tudo correu bem, durante os trabalhos da Comissão, sob a presidência de Jorge Dias (Portugal). Em nome da Comissão Paulista de Folclore, Rossini Tavares de Lima e Oracy Nogueira haviam apresentado uma tese em defesa dos postulados da Carta do Folclore Brasileiro. Coube a Oracy Nogueira e a Joaquim Ribeiro sustentá-la. Ao cabo de debates que pareciam infindáveis, e que davam a impressão de que se não chegaria a lugar algum, a Comissão finalmente aprovou uma resolução que aceitava, inteiramente, a caracterização brasileira. Estávamos, assim, com a vitória nas mãos. No plenário, porém, a nossa delegação não soube exercer a vigilância nem usar da energia necessárias em momento tão decisivo e permitiu que, por pequenas controvérsias de palavras, se nomeasse uma pequena comissão para dar nova forma à resolução. O ponto de vista brasileiro estava ameaçado, mas o ambiente de extrema cordialidade em que se desenvolveu o Congresso talvez não nos tivesse deixado vislumbrar todo o perigo. Depois de tentar, por algum tempo, uma redação que satisfizesse a todos, os cinco membros da pequena comissão – Jorge Dias (Portugal), presidente, Georges-Henri Rivière (França), Stith Thompson (Estados Unidos), Luís Valcárcel (Peru) e Joaquim Ribeiro (Brasil) – feriram de morte a resolução, modificando-a totalmente. E, assim, para surpresa geral, a pequena comissão, em vez de cumprir o seu mandato, decidiu entregar o problema da caracterização do fenômeno folclórico a uma reunião limitada de peritos, que no futuro a Unesco deverá (ou não) convocar! (Afinal, que era o Congresso, senão uma reunião de peritos?) Não havia lugar para dúvidas – a pequena comissão exorbitava das suas funções e fazia tábua rasa das decisões da Comissão e do plenário. No entanto, não houve protesto de parte dos brasileiros – ninguém pediu a palavra –, e esta resolução, que nos arrebatava a vitória, foi finalmente aceita pelo Congresso. Tivemos a aprovação internacional a coroar a Carta do Folclore Brasileiro e, por não termos tido em mente toda a sua significação para o Brasil, consentimos em que se nos escapasse das mãos.

Teve razão, portanto, Albert Marinus (Bélgica), relator-geral do Congresso, quando, na sessão de encerramento, no Palácio dos Estados do Parque do Ibirapuera, repreendeu todos os congressistas – porque votaram inconseqüentemente nas Comissões e no plenário, porque permitiram que delegados ausentes às discussões torpedeassem as resoluções tomadas e, principalmente, porque não chegaram a uma decisão quanto à caracterização do fenômeno folclórico, embora fosse excepcional a oportunidade para tomá-la.

Somente a nós, brasileiros, cabe verdadeiramente a culpa do que aconteceu. Era a *nossa* concepção do fenômeno folclórico, a *nossa* Carta do Folclore, que estava em jogo – e não soubemos defendê-la. Seria inútil, agora, dar com a cabeça na parede ou acusar, individualmente, A ou B. Esperemos que o sabor da derrota nos faça aprender a lição deste Congresso Internacional de Folclore.

RESPOSTA OU CONFIRMAÇÃO?

Para todas as pessoas que chegaram a ler o meu artigo em torno do Congresso Internacional de Folclore, deve ter constituído uma surpresa a "resposta" que lhe deu o prof. Joaquim Ribeiro. Não somente pelo seu tom descortês, em contraste com a serenidade com que examinei a nossa derrota. Não somente por haver discutido coisas que não estão ditas, nem subentendidas, no artigo em questão. O motivo principal da surpresa terá sido o fato de que, a propósito de me desmentir, o prof. Joaquim Ribeiro traz novos elementos em reforço da minha opinião. Que sentimento de culpa o teria levado a aceitar, sozinho, a carapuça?

Escrevi sempre na primeira pessoa do plural e, portanto, não me excluí da acusação que fiz à delegação nacional, de "falta de coordenação e de vigilância". Não é verdade, porém, que eu nada tenha feito. Parece que o prof. Joaquim Ribeiro supõe que o Congresso foi apenas a sua intervenção em plenário... Nem todo mundo tem embocadura de mosqueteiro. Houve gente menos ruidosa e menos palradora que contribuiu com a sua parcelazinha modesta para o êxito da reunião internacional. Por exemplo, trabalhando nas Comissões. Estas foram cinco, e não apenas a Comissão de que participou o prof. Joaquim Ribeiro. Eu secretariei a Comissão de Cooperação, presidida pelo dr. Price-Mars (Haiti), e, a fim de deixá-lo em liberdade para coadjuvar o prof. Joaquim Ribeiro, substituí Oracy Nogueira como secretário da Comissão de Folclore Comparado, presidida pelo prof. Stith Thompson (Estados Unidos). Trabalhei, como secretário, em duas reuniões de cada qual dessas Comissões. Enquanto os congressistas, inclusive o prof. Joaquim Ribeiro, tomavam ônibus especiais para excursionar pela cidade de São Paulo, eu trabalhava com Ralph Steele Boggs (Estados Unidos) no Palácio Mauá, preparando o relatório da Comissão de Cooperação, e mais tarde com Georges-Henri Rivière (França). Não tive, assim, "timidez" ante os delegados estrangeiros – muitos deles são meus amigos pessoais –, mas na verdade não intervim em plenário, nem mesmo para fazer a declaração sensacional, de tão largo alcance doutrinário e científico, de que "o Congresso está como um burro entre dois montes de capim"...

Ora, a representação brasileira tinha delegados *votantes*, responsáveis, em todas as cinco Comissões. Era natural que a esses delegados coubesse defender, como defenderam, em plenário, os pontos de vista da Comissão Nacional de Folclore. Esta divisão do trabalho fora estabelecida muito antes do Congresso. O prof. Joaquim Ribeiro era não somente o delegado *votante*, mas também o relator da sua Comissão e, nesta qualidade, nem mesmo estava sujeito a limitações de tempo nas suas intervenções. Por que deveria eu, sobrecarregado com outras obrigações, participar dos debates?

Propositadamente, a fim de dar veracidade à sua "resposta", o prof. Joaquim Ribeiro cometeu duas inexatidões. 1) A resolução final, que transferiu para a Unesco o debate sobre o fenômeno folclórico, não se seguiu imediatamente às discussões em plenário. Estas tiveram lugar à tarde, e somente na manhã seguinte o Congresso tomou conhecimento da resolução. Quanto a mim, estive presente aos debates, mas não compareci à reunião decisiva. 2) A pequena comissão, de que fez parte o prof. Joaquim Ribeiro, não foi incumbida pelo plenário de "estudar" a conceituação do fenômeno folclórico, mas de encontrar uma redação aceitável para a resolução aprovada pela Comissão, que consubstanciava a tese paulista. A nova resolução apresentada desrespeitou o mandato da assembléia e surpreendeu todos os congressistas.

Não fiz acusações diretas ao prof. Joaquim Ribeiro, nem preciso fazê-las agora. Ele me poupa esse trabalho, na sua "resposta". Estava certo o prof. Joaquim Ribeiro ao ceder ante as objeções de quatro delegados estrangeiros – sem procurar saber se podíamos reunir o dobro, o triplo, quase todo o Congresso, ao nosso lado? Por que votou sozinho? Por que não se comunicou com os demais delegados brasileiros, a fim de tomar uma resolução comum ou sondar as nossas possibilidades, se por acaso o assunto fosse posto em votação nominal, em ambiente de controvérsia? Ninguém soube do que estava acontecendo até que a resolução substitutiva chegasse a plenário. Era este o seu dever como delegado?

Assim, a minha acusação fica de pé. Faltou-nos vigilância – de outro modo não teríamos sido surpreendidos, como fomos, pelo abandono das nossas posições. Faltou-nos coordenação – de outro modo um delegado brasileiro não poderia, por falta de ânimo ante alguns delegados estrangeiros, recuar e capitular sem consultar os seus colegas de delegação, exatamente na questão de maior interesse nacional do Congresso.

Aliás, recuso-me a acreditar que o prof. Joaquim Ribeiro tenha lido mesmo o artigo a que "responde". Que estranho mecanismo psíquico o dispôs a escrever um artigo tão indelicado, pontilhado de gracinhas e de esperneios, só para me dar razão?

FONTES DOS ARTIGOS REPRODUZIDOS

OMNIBUS

FOLCLORE: Cm. ao IV Congresso Brasileiro de Escritores, Porto Alegre, 1951. Publ. (resumido) *Para Todos*, Rio de Janeiro-São Paulo, 2ª quinz. julho, 1956. – O INTERESSE DO FOLCLORE: Publ. *O Jornal*, Rio de Janeiro, 26/8/1951. – PROTEÇÃO E RESTAURAÇÃO DOS FOLGUEDOS POPULARES: Cm. à Comissão Nacional de Folclore (doc. n? 312), 1954. Publ. *Folclore*, Vitória, janeiro-junho, 1955, e *Boletim Trimestral* da Comissão Catarinense de Folclore, Florianópolis, janeiro, 1956. – JUDAS, O DE KARIOTH: Publ. (sem revisão do autor) *Diretrizes*, Rio de Janeiro, 1940, e (revisto) *Leitura*, Rio de Janeiro, abril, 1948. – ESTE BOI DÁ...: Publ. *Terra*, Bahia, março, 1937, e *APCE*, Rio de Janeiro, setembro, 1951. – A DESCOBERTA DO MARIDO: Publ. *Diário da Bahia*, 22/6/1952. – MUTIRÃO: Publ. *Temário*, Rio de Janeiro, setembro-outubro, 1951. – O FOLCLORE DO NEGRO: Conf. no Conservatório Dramático e Musical de São Paulo, 6/8/1952, no curso promovido, conjuntamente, pela Comissão Paulista de Folclore, pelo Centro de Pesquisas Folclóricas Mário de Andrade e pelo Clube de Poesia, sob o patrocínio do Departamento (municipal) de Cultura. Publ. *Folclore*, São Paulo, vol. II, n? 1, 1953. – A PERNADA CARIOCA: Publ. *Quilombo*, Rio de Janeiro, maio, 1950. – OS PÁSSAROS DE BELÉM: Publ. *Diário de Notícias*, Rio de Janeiro, 24/10 e 7/11/1954. – ELEMENTOS NOVOS NO FOLCLORE CARIOCA: Parte do trabalho *Notícia dos folguedos populares do Distrito Federal*, coletânea apresentada, sob a responsabilidade do autor, ao II Congresso Brasileiro de Folclore (Curitiba, 1953), em nome do CTC da CNFL. Publ. *Diário de Notícias*, Rio de Janeiro, 23/1/1955. – Escolas de samba: I, Publ. *Manchete*, Rio de Janeiro, 9/2/1957; II, Publ. *Diário de Notícias*, Rio de Janeiro, 25/3/1956. – Classificação decimal do folclore brasileiro: inédito. Contribuição ao volume de estudos que o Congresso Internacional de Folclore (São Paulo, 1954) decidiu publicar em homenagem a Renato Almeida. – O folclore na obra de Euclides: Conf. de encerramento da Semana Euclydeana, São José do Rio Pardo, SP, 1956.

A COMISSÃO NACIONAL DE FOLCLORE

Uma nova fase: Publ. como introdução à bibliografia *O folclore nacional*, organizada pelo autor, de referência aos anos 1943-53, vol. II da Série Bibliográfica de Estudos Brasileiros, sob a direção de Irene de Menezes Dória. Rio de Janeiro, Editora Souza, 1954. – O folclore no Brasil: Cm. ao Seminário Sul-Americano sobre o Ensino das Ciências Sociais, promovido pela Unesco, Rio de Janeiro, 1956. Publ. *O Jornal*, Rio de Janeiro, 1º /4/1956.

NEGROS BANTOS

Publ. como segunda parte (folclore) do livro do autor, *Negros bantus*, edição da Civilização Brasileira, Rio de Janeiro, 1937. O material, o mesmo de então, aparece aqui em nova roupagem, como devia acontecer depois de um intervalo de tantos anos.

O CONGRESSO INTERNACIONAL DE FOLCLORE

A conceituação do fenômeno folclórico: Publ. *Diário de Notícias*, Rio de Janeiro, 12/9/1954. – Resposta ou confirmação?: Publ. *O Jornal*, Rio de Janeiro, 17/10/1954.

NOTAS

OMNIBUS
Folclore

Edison Carneiro propõe uma ampla discussão social e eminentemente política para o campo do Folclore, marcando, sem dúvida, um olhar socialista coerente com sua assumida opção ideológica de comunista. Há uma ênfase a análise contextual e complexa do então chamado *fato folclórico*, interpretado e situado nas classes populares, independente do que se rotula como *erudito*, ou então também *oficial*, declarado pelo próprio autor que:

> A predileção dos folcloristas pelos aspectos lúdicos, cerimoniais e artísticos da atividade popular tem relegado ao esquecimento o folclore do trabalho (...).

Edison Carneiro propõe um estudo e principalmente um lugar social integrado do Folclore como uma expressão da maioridade política do proletariado.

O interesse do folclore

Atual a questão do folclore enquanto patrimônio imaterial, recorrendo-se à citação de Herkovits de que o folclore é "a expressão menos tangível dos aspectos estéticos da cultura".

Certamente com o trabalho mais ampliado de Edison Carneiro no campo do folclore há uma escolha profundamente socialista, considerando um processo o que é popular, e não apenas uma manifestação que se reflete na própria expressão do fenômeno artístico, estético – a voz do proletariado.

Proteção e restauração dos folguedos populares

Edison Carneiro expressa nesse texto um ideal de *liberdade* com relação aos folguedos populares, que têm dinâmica própria, peculiar a cada grupo, a cada organização social, com formas e expressões integradas aos diferentes contextos sociais e especialmente situando os aspectos econômicos que fazem as relações de cada grupo com a comunidade e com o estado.

Essa preocupação de proteger mantendo a *liberdade*, um direito dos grupos de folguedos, é orientação que se revela com a criação da Campanha de Defesa do Folclore Brasileiro, um movimento em prol do povo.

Destaquem-se a compreensão de povo, que para Edison Carneiro é abastecida de valores socialistas, e seu alerta para os perigos das relações paternalistas entre o estado e os grupos de folguedos. O autor enfatiza a necessidade de um povo livre, autônomo, capaz de assumir suas próprias manifestações e transformações culturais.

Judas, o de Karioth

Edison Carneiro traz o ritual do Sábado de Aleluia, a tradicional exposição e queima do Judas, com uma crítica coerente com sua opção socialista, encontrando *nessa orgia*, como ele denomina, uma *forma rudimentar de luta política*.

Este boi dá...

O tema *boi* enquanto auto popular e tradicional nas últimas duas décadas – 1990, 2000 – vem ocupando no noticiário nacional e internacional uma expressão de *ópera tropical*, atendendo a um crescente interesse pelos grandes eventos e só comparável, em organização, tecnologia e sentido de mercado consumidor, às escolas de samba do Rio de Janeiro. Nesse contexto destaco o *bumbá* de Parintins, Amazonas, reunindo centenas de *brincantes* que realizam magníficos espetáculos em arena/teatro chamado *bumbódromo*, como também ocorre em São Luís, Maranhão, com os tradicionais grupos de *bumba* ou *bumba-boi* do também ciclo junino.

De ocorrência nacional e variações regionais, o *boi* é uma das mais notáveis manifestações do folclore, tal como Edison Carneiro relata em capítulo de conotação etnográfica sobre tema também ocorrente no Recôncavo da Bahia. O autor cita o personagem *boiadeiro*, uma interpretação do vaqueiro nordestino como um *encantado* do candomblé de caboclo, também do Recôncavo. Edison Carneiro, seguindo sua orientação socialista, vê e destaca o trabalho como um importante lugar da cultura. Assim, os personagens dos autos, no caso o do *boi*, continuam a exercer seus papéis sociais, seus lugares em âmbito popular.

A descoberta do marido

Os santos de junho, especialmente Santo Antônio e São João, recebem rituais e votos em geral com intenções casamenteiras. A fogueira, o fogo que traz o sol, em práticas anteriores ao cristianismo, que uniam a purificação e a fertilidade, são marcas do ciclo junino retomadas com os santos católicos que recuperam antigas memórias e desejos permanentes do culto à vida, rituais agrícolas, de fertilidade, de continuidade do homem.

Assim, na véspera de São João, de 23 para 24 de junho, por processos ancestrais e profundamente relacionados aos símbolos da terra, da agricultura, retomam-se os contatos com o tema dominante, e as moças fazem um sem-número de simpatias relacionadas à conquista de namorados, noivos e maridos.

Mutirão

Edison Carneiro enfatiza o mutirão, que é o trabalho organizado, solidário e comunitário, e emprega de maneira ideológica o termo *camarada*. Há sem dúvida uma ordem nesse tipo de trabalho para cumprir uma finalidade de valor social. Geralmente para construir casas ou para finalizar edificações, em especial o telhado. Assim, celebra-se a cumeeira, que se transforma em festa, sempre com muita comida, tradicionalmente o feijão. É o princípio da união dos esforços por uma causa comum.

O *mutirão* assume nessa obra um exemplo de tradição popular de forte conotação social e socializadora que, para Edison Carneiro, é também um exercício socialista.

O folclore do negro

Sem dúvida o 2º. Congresso Afro-Brasileiro, na cidade do São Salvador, Bahia, no período de 11 a 20 de janeiro de 1937, que teve como um dos principais promotores Edison Carneiro, marca sua trajetória nesse campo de estudos, com obra direcionada às muitas questões sociais e culturais dos povos africanos no Brasil.

O livro *A sabedoria popular* também reafirma a valorização dos temas africanos e afrodescendentes no povo brasileiro.

A vocação de olhar para sua própria história, posto que Edison Carneiro era afrodescendente, dá a sua obra, a par da pesquisa, ênfase no sentido de proteger e preservar o que é de matriz africana no Brasil.

Assim, por ocasião do 2º. Congresso Afro-Brasileiro, Edison Carneiro tem um encontro com ele mesmo e situa em *Palavras inaugurais do Congresso Afro-Brasileiro da Bahia* a democrática chamada de, além dos cientistas, representantes dos terreiros de candomblé, do samba, do batuque, da capoeira, trazendo assim a voz popular, a adesão da diversidade, na busca, certamente, dos verdadeiros *lugares* da afrodescendência no Brasil.

Aliás, é dominante na obra de Edison Carneiro a temática africana. No capítulo "O folclore do negro", o autor declara:

> Tem-se geralmente a impressão de que a contribuição do negro constitui a parte mais difícil do folclore brasileiro. Será verdadeira essa dificuldade?

Em *A sabedoria popular* pode-se dizer que a quase totalidade dos temas tem matriz africana ou processos de construção de imaginários afrodescendentes em contato com o que chamamos de dinâmica nacional.

Edison Carneiro dá destaque ao *samba*, aqui observado enquanto *samba-de-roda*, modalidade tradicional e marcante do Recôncavo da Bahia, trazendo memórias ancestrais dos povos da África, trazidos para trabalhar em condição escrava nas plantações da *cana sacarina* e do *tabaco*. Mas também como *samba* urbano carioca, enfatizado na instituição popular do modelo *escola de samba*.

Até hoje o samba é lócus de recorrência na busca imediata do que se compreende por relações culturais África/Brasil ou mesmo por patrimônio africano no Brasil. É o *samba* fato emblemático como uma das mais notáveis manifestações do brasileiro, e Edison Carneiro dá esse destaque em *A sabedoria popular* e ainda amplia essa busca de referências e memórias africanas ao escrever *A carta do samba* em 1962.

Novamente volta-se ao 2º Congresso Afro-Brasileiro, importante marco nos estudos desse campo do conhecimento, apontando para políticas especiais para os afrodescendentes no Brasil.

Considero importante incluir nesta nota a transcrição do item "Palavras inaugurais do 2º Congresso Afro-Brasileiro da Bahia", constante dos anais do aludido congresso em *O negro no Brasil*; trabalhos apresentados ao 2º Congresso Afro-Brasileiro (Bahia)*.

---

* Vários autores, Rio de Janeiro: Civilização Brasileira, 1940 (Biblioteca de Divulgação Científica dirigida pelo Prof. Dr. Arthur Ramos, v. 20).

Palavras inaugurais do 2º Congresso Afro-Brasileiro da Bahia

Por duas vezes adiado, afinal se reúne hoje o Congresso Afro-Brasileiro da Bahia.

Este Congresso tem por fim estudar a influencia do elemento africano no desenvolvimento do Brasil, sob o ponto de vista da ethnographia, do folk-lore, da arte, da anthropologia, da historia, da sociologia, do direito, da psychologia social, emfim, de todos os problemas de relações de raças no paiz. Eminentemente scientifico, mas também eminentemente popular, o Congresso não reúne apenas trabalhos de especialistas e intellectuaes do Brasil e do estrangeiro, mas também interessa a massa popular, os elementos ligados, por tradições de cultura, por atavismo ou por quaesquer outras razões, á própria vida, artística, econômica, religiosa, do Negro do Brasil. Assim, no Congresso da Bahia, ao lado das theses de, por exemplo, Melville Herkovits, Arthur Ramos e Gilberto Freyre, serão discutidas as theses de Escholastica Nazareth, chefe do "terreiro" do Gantois, de Silvino Manuel da Silva, tocador de atabaque nesse mesmo "terreiro", e de Eugenia Anna Santos, chefe do Centro Cruz Santa do Ache do Ôpô Afonjá. O Congresso Afro-Brasileiro tem, portanto, uma orientação democrática, todos os presentes podendo entrar nos debates em torno dos assumptos, devendo mesmo entrar nesses debates, afim de melhor esclarecer os assumptos estudados.

Infelizmente, tem o Congresso a lamentar o desapparecimento de Pae Adão, do Recife, um dos mais prestigiosos chefes de "terreiro" do Brasil, e os do pae-de-santo Anselmo, organizador das festas do Congresso do Recife, em 1934, e de Manuel Hyppolito Reis, adherente ao Congresso da Bahia, ultimamente fallecido nesta capital. Tem o Congresso a lamentar, ainda, não se poderem transportar a este recinto as negras centenárias a elle adherentes, principalmente Maria Bada e Maria de Sant'Anna, a primeira das quaes se promptificou a dictar uma memória sobre os quitutes africanos da Bahia.

À frente do Congresso da Bahia está o prof. Martiniano do Bomfim, aqui presente. Antigo collaborador de Nina Rodrigues, negro que se interessa realmente pelo destino dos seus irmãos, o prof. Martiniano do Bomfim é um dos mais altos expoentes – sinão o mais alto – da raça negra no Brasil. Os negros de todo o paiz, de norte a sul, rendem-lhe homenagem, reconhecendo nelle um irmão mais velho, mais illustrado e mais experiente. Também o prof. Martiniano do Bomfim apresentará um trabalho da sua lavra ao Congresso Afro-Brasileiro.

Conta o Congresso, aliás, com a sympathia e com a collaboração da quase totalidade dos intellectuaes do Brasil.

A Commissão Executiva do Congresso Afro-Brasileiro da Bahia agradece, penhorada, a collaboração dos intellectuaes e dos elementos populares da Bahia e do Brasil, assim como de todos aquelles que, desta ou daquella maneira, auxiliaram a realização do Congresso – inclusive o Governo do Estado –, declarando abertos os debates sobre os themas a serem estudados neste recinto.

    Edison Carneiro
    Martiniano do Bomfim
        Com restrições quanto a sua personalidade.
    Aydano do Couto Ferra,
        Por si e por
    Azevedo Marques
    Reginaldo Guimarães

Senhor do Bonfim

Emblemática como calendário de fé e agregadora de diferentes manifestações populares, a festa do Bonfim até hoje reúne grupos tradicionais como os *ternos-de-reis*, teatro musical de rua que louva o nascimento de Deus menino. O ciclo natalino assume no dia 6 de janeiro a culminância na Lapinha, na cidade do São Salvador. São ainda alguns grupos que cantam, louvam e dançam portando alegorias de mão, verdadeiras lembranças totêmicas de matriz africana.

Edison Carneiro cita outras manifestações tradicionais e populares; contudo, a grande comemoração continua sendo o desfile de baianas que saem em cortejo da Igreja da Conceição da Praia até a colina sagrada, onde se localiza a Igreja de Nosso Senhor do Bonfim.

As barracas de comida das antigas festas de largo sobrevivem hoje em função de alguns barraqueiros que tentam lembrar sua expressão artística – temáticas e decorações com pinturas, folhas, flores, entre outros elementos, verdadeiro exercício de estética tradicional.

A pernada carioca

Edison Carneiro amplia o olhar sobre o jogo/luta da capoeira Angola, atribuindo também aos descendentes de angolanos no Rio de Janeiro a pernada carioca e relacionando a prática com o padroeiro também da capoeira, Ogum, orixá guerreiro dos ioruba/nagô.

A pernada carioca, fenômeno urbano absorvido e transformado pela dominante capoeira, foi incluída no dinâmico elenco de passos da própria capoeira.

Os pássaros de Belém

O teatro musical, popular e tradicional da Amazônia acompanha o ciclo dos grandes eventos do *bumbá* na Região Norte, ou seja, o ciclo junino, em especial o São João, 24 de junho, que é o grande momento dos *cordões de pássaros* na cidade de Belém, Pará. Esse ciclo é ampliado com outras manifestações, como o *lundu* e o *carimbó*.

Sem dúvida, Belém concentra produção cultural notável aliada à extensa tradição das ervas, dos *cheiros da Amazônia* celebrados no ciclo junino. Essas ervas unem-se a muitos outros produtos que aparecem em ampla oferta na feira próxima ao Mercado Ver-o-Peso. Os cheiros, os banhos de ervas integram as manifestações juninas do Norte, juntamente com as comidas, como o vatapá e o caruru, que assumem características da Amazônia.

Há uma forte tradução de ecologia da floresta. Vê-se nos personagens e temas dos cordões de pássaros uma valorização dos produtos que chegam dos nichos naturais mais importantes e emblemáticos de uma Amazônia construindo, nos imaginários de mitos, lendas que recorrem às águas dos rios, às árvores, e nas relações do homem com a natureza.

Elementos novos do folclore carioca

Rio de Janeiro, Distrito Federal, anos 50, forte pólo de atração da migração de nordestinos.

Destaca-se o Afoxé Filhos de Gandhi, fundado na Bahia, na cidade do São Salvador em 1951 pelo povo do candomblé, principalmente ogãs, que também trabalhavam na estiva do porto, fazendo reviver os enredos dos orixás em toque *Gexá*, especialmente para Oxum e Oxalá.

No Rio de Janeiro, o Afoxé Filhos de Gandhi, seguindo os mesmos princípios sociais, religiosos e culturais do da Bahia, é criado também na área portuária da cidade em 1952.

Pude acompanhar e participar do Afoxé Filhos de Gandhi no Rio de Janeiro na década de 1970, desfilando no carnaval, convivendo com os muitos baianos migrados, em sua maioria ligados aos terreiros de candomblé da região do Grande Rio. Certamente, o afoxé é considerado um candomblé de rua, e assim, com essa fantástica experiência, vivi momentos fundamentais de exercício patrimonial afrodescendente.

Escolas de Samba – I
Escolas de Samba – II

O importante fenômeno urbano, social, cultural e econômico *escola de samba*, especialmente visto por Edison Carneiro no Rio de Janeiro, une-se a um olhar mais ampliado sobre o fenômeno *samba*, enquanto manifestação complexa e diversa dos patrimônios afrodescendentes. Essa questão motiva Edison Carneiro a propor no I Congresso Nacional do Samba, realizado no período de 28 de novembro a 2 de dezembro de 1962, no Rio de Janeiro, a *Carta do samba**.

---

* *Carta do samba*. Rio de Janeiro: Campanha de Defesa do Folclore Brasileiro, 1962.

Esta Carta, que tive a incumbência de redigir, representa um esforço por coordenar medidas práticas e de fácil execução para preservar as características tradicionais do samba sem, entretanto, lhe negar ou tirar espontaneidade e perspectivas de progresso.

O Congresso do Samba valeu por uma tomada de consciência: aceitamos a evolução normal do samba como expressão das alegrias e das tristezas populares; desejamos criar condições para que essa evolução se processe com naturalidade, como reflexo real da nossa vida e dos nossos costumes; mas também reconhecemos os perigos que cercam essa evolução, tentando encontrar modos e maneiras de neutralizá-los.

Não vibrou por um momento sequer a nota saudosista. Tivemos em mente assegurar ao samba o direito de continuar como expressão legítima dos sentimentos da nossa gente.

O samba, coreografia e música, assume formas e nomes diversos no território nacional. Esta variedade demonstra, ainda que a um ligeiro exame, que o samba, legado do negro de Angola trazido para o Brasil pela escravidão, se encontra num processo de adaptação que está longe de se ter estabilizado em constâncias definitivas ou finais. Passando de um para outro grupo social, de um estado para outro, de um relativo desconhecimento para a voga geral, o samba alarga as suas fronteiras, avantaja os seus horizontes, multiplica e renova as suas energias. Tal evolução natural, que reflete o jogo de forças da sociedade brasileira, deve ser protegida com inteligência e serenidade, que não exclui vigor se necessário, mas sem pôr em perigo a liberdade de criação artística.

Edison Carneiro.

Classificação decimal do folclore brasileiro

Para Edison Carneiro a sistematização do folclore, já buscando um projeto de *Tesauro*, indica uma posição perante a causa popular, para muitos, à época, apenas uma seqüência de eventos populares e tradicionais. Edison Carneiro assume um compromisso científico perante o *folclore*, pois acredita na ação transformadora da cultura pelos próprios atores sociais que têm autonomia, detêm sabedoria e legitimação para viver suas histórias.

A Classificação Decimal do Folclore Brasileiro fundamenta-se em outras experiências internacionais, enfatizando as atividades documentais, bibliográficas como bases para reunir conteúdos e principalmente socializar, dar acesso ao folclore, inclusive devolver pesquisas às comunidades estudadas pelos folcloristas.

A COMISSÃO NACIONAL DE FOLCLORE

O folclore no Brasil

Conseqüente aos movimentos internacionais de um mundo pós-guerra, cujo lema marca a busca dos povos e suas verdadeiras identidades a partir de um amplo movimento de solidariedade, o *folclore*, preferencialmente visto enquanto fenômeno memorialista, toma as diferentes memórias para a recuperação patrimonial, consoante ao que hoje se categoriza como patrimônio imaterial.

A Unesco assume essa missão de reunir, promover e de discutir as culturas dos povos do mundo. E o *folclore* é valorizado como meio para aproximar os povos.

No Brasil os grupos já organizados dos folcloristas encaminham a criação da Campanha de Defesa do Folclore Brasileiro.

Decreto n? 43.178, de 5 de fevereiro de 1958
Institui a Campanha de Defesa do Folclore Brasileiro
O Presidente da República, no uso das atribuições que lhe confere o artigo 87, item I, da Constituição, decreta:
Art. 1? Fica instituída, diretamente subordinada ao Ministro de Estado da Educação e Cultura, a Campanha de Defesa do Folclore Brasileiro.
Art. 2? Caberá à Campanha promover, em âmbito nacional, o estudo, a pesquisa, a divulgação e a defesa do folclore brasileiro.
Art. 3? A Campanha terá por finalidades precípuas:
a) promover e incentivar o estudo e as pesquisas folclóricas;

b) levantar documentação relativa às diversas manifestações folclóricas;

c) editar documentos e obras folclóricas;

d) cooperar na realização de congressos, exposições, cursos e festivais e outras atividades relacionadas com o folclore;

e) cooperar com instituições públicas e privadas congêneres;

f) esclarecer a opinião pública quanto à significação do folclore;

g) manter intercâmbio com entidades afins;

h) propor medidas que assegurem proteção aos folguedos e artes populares e respectivo artesanato;

i) proteger e estimular os grupos folclóricos organizados;

j) formar pessoal para a pesquisa folclórica.

Art. 4º. Dirigirá a Campanha um Conselho presidido pelo Ministro de Estado da Educação e Cultura, e constituído dos seguintes membros:

a) o Secretário-Geral da Comissão Nacional do Folclore, como membro nato;

b) quatro especialistas designados em portaria ministerial, sendo um deles o Diretor Executivo da Campanha.

Art. 5º. Haverá um Fundo Especial para o custeio das atividades da Campanha e que será constituído de:

a) contribuições que forem previstas nos orçamentos da União, dos Estados, dos Municípios e de entidades paraestatais e sociedades de economia mista;

b) donativos, contribuições e legados de particulares;

c) contribuições de entidades públicas e privadas;

d) renda eventual do patrimônio e dos serviços da Campanha.

Art. 6º. A Campanha poderá firmar convênios com Estados, Municípios e entidades públicas e privadas, para a consecução dos seus objetivos.

Art. 7º. O Ministro de Estado da Educação e Cultura fica autorizado a requisitar, de outros Ministérios e de entidades paraestatais ou autárquicas, funcionários para prestar serviços à Campanha bem como poderá designar, para o mesmo fim, funcionários dos diferentes órgãos do Ministério da Educação e Cultura.

Art. 8º O Ministro de Estado da Educação e Cultura baixará as instruções necessárias à organização e execução da Campanha.

Art. 9º Este Decreto entrará em vigor na data da sua publicação, revogadas as disposições em contrário.

Rio de Janeiro, 5 de fevereiro de 1958; 137º da Independência e 70º da República.

Juscelino Kubitschek/Clóvis Salgado (p. 16).

NEGROS BANTOS

Samba-de-roda

O samba e suas modalidades é um tema de real importância na obra do baiano Edison Carneiro. O autor busca no samba inúmeras referências que possam traduzir não apenas a Bahia e em especial o Recôncavo, mas uma leitura nacional da afrodescendência. O samba é uma espécie de atestação da matriz africana, da expressão coletiva apropriando-se dos lugares, dos muitos e diferentes papéis sociais que o *sambador* assim desempenha no seu grupo, diga-se *sambador* para o Recôncavo da Bahia, sambista para as outras localidades do Brasil.

Os primeiros documentos sobre o samba-de-roda no Recôncavo chegam do século XVIII na Bahia. Destacam-se, no século XX, os textos de Nina Rodrigues, Manoel Querino, Arthur Ramos, entre outros. O tema *samba-de-roda* agrega-se a muitas manifestações religiosas, como nas *festas de largo* na cidade do São Salvador, por exemplo, Conceição da Praia, Santa Luzia, Bonfim e 2 de Fevereiro, Iemanjá. Também nos terreiros de candomblé especialmente os da Nação Angola, Angola-Congo, Moxicongo e ainda nas festas nas casas por ocasião do *caruru de Cosme* no mês de setembro, sempre o samba-de-roda é um momento lúdico na união da festa com a fé.

Destaca-se o recente registro do samba-de-roda do Recôncavo da Bahia como Patrimônio da Humanidade, Unesco, 2005.

Para o processo encaminhado à Unesco foi enfatizado o item dos chamados *tradition-bearers*, portadores de tradições, o que é amplamente documentado nos muitos grupos de *sambadores* do Recôncavo da Bahia.

Destaca-se também que o samba-de-roda do Recôncavo da Bahia recebeu anteriormente por parte do governo brasileiro, por intermédio do Iphan, registro no *Livro das Formas de Expressão do Patrimônio Imaterial Brasileiro*.

Capoeira de Angola

Novamente o baiano Edison Carneiro assume seu papel de homem afrodescendente e integrado à história da cidade do São Salvador e de outras localidades do Recôncavo.

Sem dúvida, assim como o samba, a capoeira é emblemática para revelar e nacionalizar essa evidente africanidade não só na Bahia, mas no Brasil.

A Escola Angola de Capoeira é tida como a mais próxima do ideal africano: como o samba, a capoeira segue modelos de povos banto, macrogrupo etnolingüístico que se concentra na África Austral, destacando-se os territórios de Angola e Congo.

A outra modalidade de capoeira é a Escola Regional, um processo de abrasileiramento da Escola Angola, tão difundida e nacionalmente praticada por milhares de adeptos no Brasil e no exterior.

É a capoeira – Angola e Regional – verdadeiro esporte, voltado para formas de integração a patrimônios culturais afrodescendentes ampliados e revelados no amplo imaginário do que é africano no Brasil.

Nessa crescente valorização de matrizes etnoculturais incluem-se diferentes grupos e movimentos sociais afrodescendentes na busca de lugares na formação multiétnica do povo brasileiro.

Certamente a capoeira é um dos temas mais recorrentes de estudos e de movimentos de socialização de grande parcela das populações afrodescendentes no Brasil.

Edison Carneiro traz, com seu olhar predominantemente etnográfico, esse tema tão fundamental à causa dos direitos culturais, hoje um nicho de questões que só reforçam os ideais de democratização.

Batuque

Batuque foi uma maneira geral de chamar música, dança e formas de religiosidade africana no Brasil, um modo preconceituoso de nomear diferentes manifestações, com profundas peculiaridades, como uma *coisa* que chegava por negros da África. Isso se deu de maneira sistemática até o final do século XIX.

Edison Carneiro trata da manifestação batuque enquanto um tipo de luta, próxima da capoeira no Rio de Janeiro, também tradicional nas áreas portuárias do Recife e do São Salvador.

O testamento do boi

Novamente Edison Carneiro retoma suas memórias de baiano voltadas para a história e os costumes de sua própria tradição e assim reafirma em sua obra um devotamento à identidade assumida e experimentada na opção de ir ao encontro do povo, o folclore.

A opção da etnografia, um caminho que abasteceu o movimento folclórico, é hoje retomada e revalorizada por diferentes teorias que apóiam a pesquisa de campo, os relatos presenciais enquanto matéria fundamental aos estudos da moderna antropologia. Ainda os movimentos internacionais sobre o chamado patrimônio cultural imaterial encontram nesses trabalhos formas de situar políticas de estado contemporâneas no reconhecimento e na promoção dos acervos tradicionais e populares.

O *boi*, auto dramático com muitas variações regionais, vem assumindo cada vez mais espaço de eventos populares só comparáveis aos espetáculos das escolas de samba, especialmente no Rio de Janeiro.

IMPRESSÃO E ACABAMENTO:
YANGRAF Fone/Fax: 6195.77.22
e-mail:yangraf.comercial@terra.com.br